westermann

Fit in der Grundschule

10-Minuten-Trainer

Das kleine Einmaleins

Klasse 3

Das kleine Einmaleins

Autorin:
Julia Hacker ist Sonderpädagogin, Fachmoderatorin und arbeitet als Autorin für Schulbücher, Fachzeitschriften, Unterrichtsmaterialien und Lernhilfen

westermann GRUPPE

Druck A[1] / Jahr 2023
Alle Drucke der Serie A sind im Unterricht parallel verwendbar.

Redaktion: Ulrike Klein, Berlin
Kontakt: lernhilfen@westermanngruppe.de
Illustrationen: Hans-Jürgen Feldhaus, Münster; Thies Schwarz, Hannover
Umschlaggestaltung und Layout: Janssen Kahlert Design & Kommunikation GmbH, Hannover
Umschlagfoto: iStock by Getty Images, South_agency
Druck und Bindung: Westermann Druck GmbH, Georg-Westermann-Allee 66, 38104 Braunschweig

ISBN 978-3-07-**003002**-3

Vorwort

Liebe Schülerin, lieber Schüler,

du bist in der dritten Klasse und willst im Fach Mathematik richtig fit werden? Dann ist der **10-Minuten-Trainer** genau das Richtige für dich! Mit diesem Arbeitsheft kannst du das kleine **Einmaleins** wiederholen und üben.

Zu jedem Thema gibt es eine **Doppelseite**, die du in 10 Minuten bearbeiten kannst. So wird der Stoff in übersichtliche Einheiten gegliedert, die dir das Lernen erleichtern.

Anschaulich erklärte **Regeln** und **Tipps** helfen dir bei der Bearbeitung der Aufgaben.

Natürlich gibt es in diesem Heft auch einen **Lösungsteil**, mit dessen Hilfe du überprüfen kannst, ob du die Übungsaufgaben richtig bearbeitet hast. Du findest ihn ab Seite 56.
Übrigens: Für jede gelöste Doppelseite darfst du dich mit einem **Erfolgssticker** belohnen. Klebe ihn einfach in das dafür vorgesehene Feld.

Und damit deine Eltern dich auf deinem Weg durch die dritte Klasse noch besser unterstützen können, haben wir im Internet unter **www.westermann.de/fit-in-der-grundschule** hilfreiche Tipps und praktische Checklisten für sie zusammengestellt.

Viel Erfolg beim Üben mit dem **10-Minuten-Trainer**!

Dein Lernhilfen-Team

Inhaltsverzeichnis

Vom Addieren zum Multiplizieren

Rechnen am Punktefeld

Einmaleins mit 2, 4, 5, 8 und 10

Dividieren

Einmaleins mit 3, 6, 7 und 9

Gemischte Übungen

Plusaufgaben und Malaufgaben

Mit Malaufgaben kannst du Plusaufgaben mit gleichen Zahlen verkürzen.
Plusaufgabe: 4 + 4 + 4 = 12
Malaufgabe: 3 · 4 = 12

1 **Rechne zu jedem Bild die Plusaufgabe und Malaufgabe.**

a)

Plusaufgabe: ....
Malaufgabe: ....

b)

Plusaufgabe: ....
Malaufgabe: ....

c)

Plusaufgabe: ....
Malaufgabe: ....

d)

Plusaufgabe: ....
Malaufgabe: ....

2 **Rechne zu jedem Bild die Plusaufgabe und Malaufgabe.**

a)

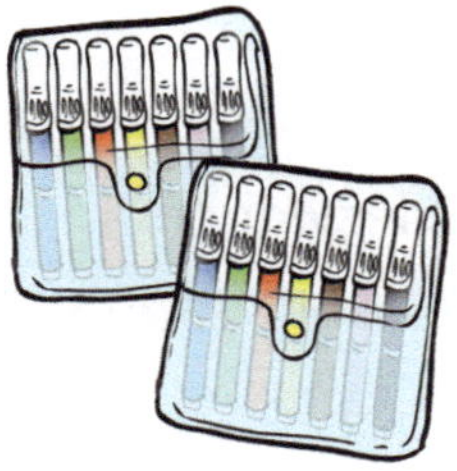

Plusaufgabe: ....

Malaufgabe: ....

b)

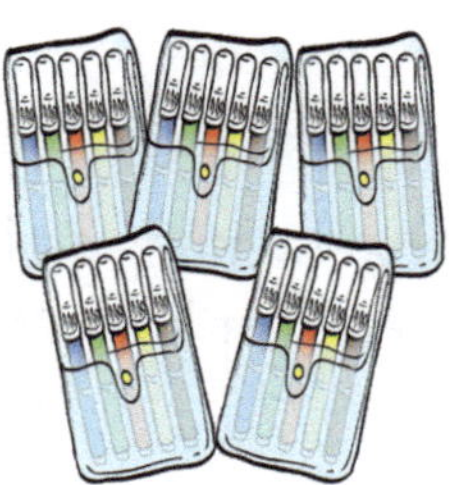

Plusaufgabe: ....

Malaufgabe: ....

c)

Plusaufgabe: ....

Malaufgabe: ....

d)

Plusaufgabe: ....

Malaufgabe: ....

e)

Plusaufgabe: ....

Malaufgabe: ....

f)

Plusaufgabe: ....

Malaufgabe: ....

Hier kannst du deinen Erfolgssticker einkleben.

Plusaufgaben zu Malaufgaben verkürzen

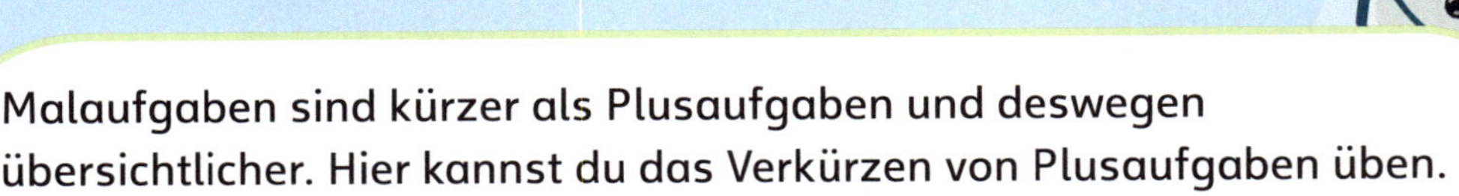

1 Schreibe zu jeder Plusaufgabe die Malaufgabe und rechne.

a) Plus: 8 + 8 + 8 = ...

Mal: ....

b) Plus: 8 + 8 + 8 + 8 = ...

Mal: ....

c) Plus: 10 + 10 = ...

Mal: ....

d) Plus:

10 + 10 + 10 + 10 + 10 = ...

Mal: ....

e) Plus: 5 + 5 + 5 + 5 = ...

Mal: ....

f) Plus:

5 + 5 + 5 + 5 + 5 + 5 = ...

Mal: ....

g) Plus: 7 + 7 + 7 ....

Mal: ....

h) Plus: 7 + 7 + 7 + 7 ....

Mal: ....

i) Plus: 6 + 6 + 6 ....

Mal: ....

j) Plus: 6 + 6 + 6 + 6 ....

Mal: ....

TIPP Stelle dir im Kopf die passende Plusaufgabe vor und rechne diese aus. Je nach Blickrichtung passen zwei verschiedene Malaufgaben.

2 Schreibe eine passende Malaufgabe und rechne.

a)

Malaufgabe: ....

b)

Malaufgabe: ....

c)

Malaufgabe: ....

d)

Malaufgabe: ....

e)

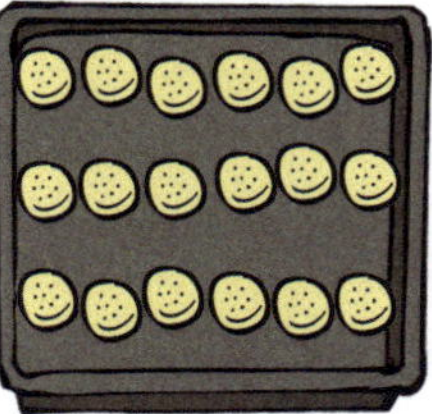

Malaufgabe: ....

f)

Malaufgabe: ....

Hier kannst du deinen Erfolgssticker einkleben.

Vom Addieren zum Multiplizieren

Einmaleins mit 1 und 0

Beim Multiplizieren mit 0 ist das Ergebnis immer 0.
Plusaufgabe: $0 + 0 + 0 + 0 = 0$
Malaufgabe: $4 \cdot 0 = 0$
Beim Multiplizieren mit 1 bleibt die andere Zahl gleich.
Malaufgabe: $4 \cdot 1 = 4$

TIPP Es wird immer ein Apfel pro Teller weniger. Zum Schluss sind die Teller leer.

1 Rechne zu jedem Bild die Plusaufgabe und Malaufgabe.

a)

Plusaufgabe: ....

Malaufgabe: ....

Plusaufgabe: ....

Malaufgabe: ....

Plusaufgabe: ....

Malaufgabe: ....

2 Schreibe zu jeder Malaufgabe die Plusaufgabe und rechne.

a) Mal: $2 \cdot 3 =$ ....

Plus: ....

Mal: $2 \cdot 2 =$ ....

Plus: ....

Mal: $2 \cdot 1 =$ ....

Plus: ....

Mal: $2 \cdot 0 =$ ....

Plus: ....

b) Mal: $5 \cdot 3 =$ ....

Plus: ....

Mal: $5 \cdot 2 =$ ....

Plus: ....

Mal: $5 \cdot 1 =$ ....

Plus: ....

Mal: $5 \cdot 0 =$ ....

Plus: ....

c) Mal: $3 \cdot 3 =$ ....

Plus: ....

Mal: $3 \cdot 2 =$ ....

Plus: ....

Mal: $3 \cdot 1 =$ ....

Plus: ....

Mal: $3 \cdot 0 =$ ....

Plus: ....

Hier kannst du deinen Erfolgssticker einkleben.

Multiplizieren am Punktefeld

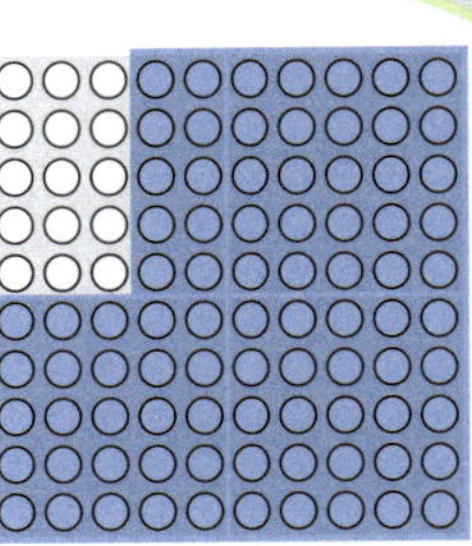

Mithilfe eines Malwinkels kannst du am Hunderterfeld Malaufgaben darstellen. Zu einer Darstellung passen zwei Malaufgaben.

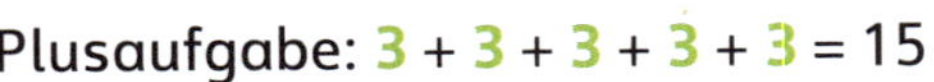

Plusaufgabe: 3 + 3 + 3 + 3 + 3 = 15
Malaufgabe: $5 \cdot 3 = 15$
oder
Plusaufgabe: 5 + 5 + 5 = 15
Malaufgabe: $3 \cdot 5 = 15$

1 Schreibe eine Plusaufgabe und eine Malaufgabe. Rechne.

a)

Plusaufgabe: ....

Malaufgabe: ....

b)

Plusaufgabe: ....

Malaufgabe: ....

c)

Plusaufgabe: ....

Malaufgabe: ....

d)

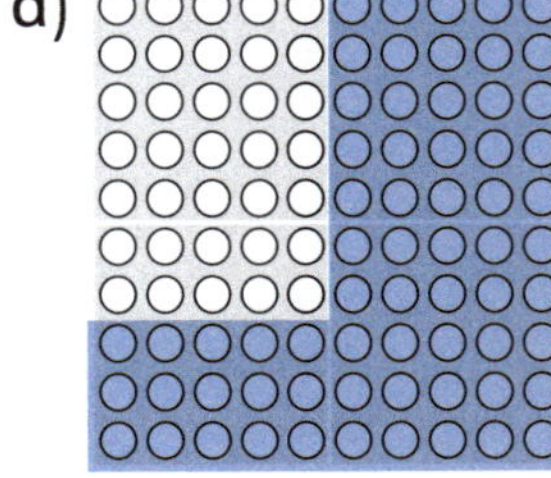

Plusaufgabe: ....

Malaufgabe: ....

2 Schreibe eine Plusaufgabe und eine Malaufgabe. Rechne.

a)

Plusaufgabe: ....

Malaufgabe: ....

b)

Plusaufgabe: ....

Malaufgabe: ....

3 Rechne die Quadrataufgaben.

TIPP Mit zwei gleichen Zahlen erhältst du eine Quadrataufgabe. Das Ergebnis heißt Quadratzahl. Am Punktefeld ist ein Quadrat dargestellt.

a)

Plusaufgabe: ....

Malaufgabe: ....

b)

Plusaufgabe: ....

Malaufgabe: ....

c)

Plusaufgabe: ....

Malaufgabe: ....

d)

Plusaufgabe: ....

Malaufgabe: ....

Hier kannst du deinen Erfolgssticker einkleben.

Nachbaraufgaben am Punktefeld

Jede Malaufgabe hat zwei Nachbaraufgaben: Man erhält sie, wenn eine Zeile (oder eine Spalte) hinzukommt oder weggenommen wird.

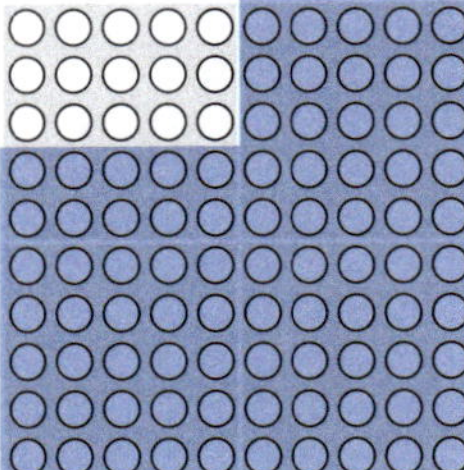

3 · 5 = 15

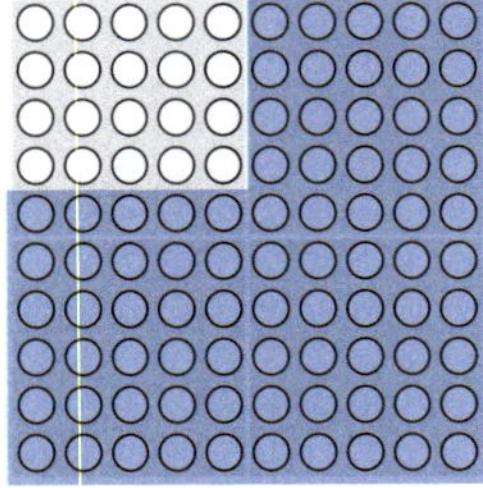

4 · 5 = 20

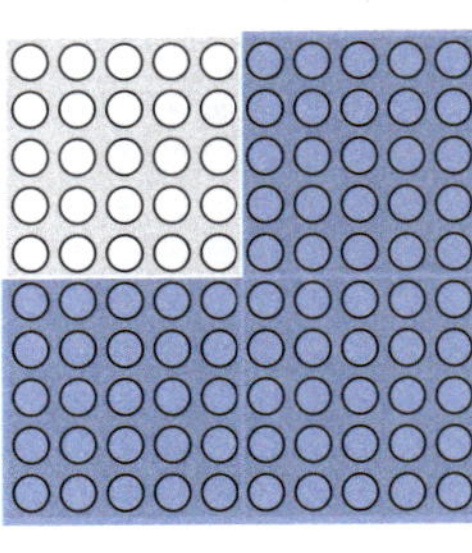

5 · 5 = 25

4 · 5 hat die Nachbaraufgaben 3 · 5 und 5 · 5.

1 **Immer eine Zeile mehr. Rechne die Aufgabe und die Nachbaraufgabe.**

a)

Malaufgabe: ....

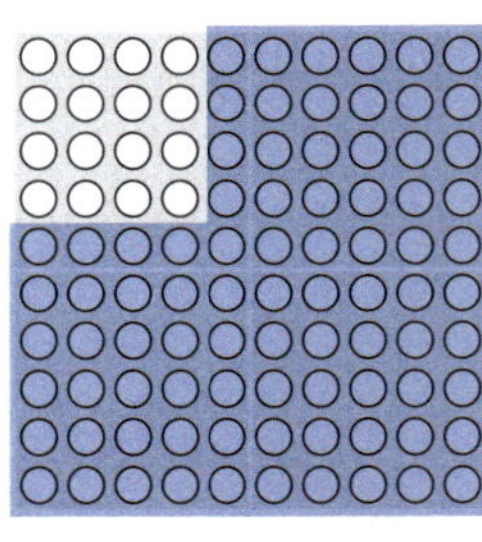

Malaufgabe: ....

b)

Malaufgabe: ....

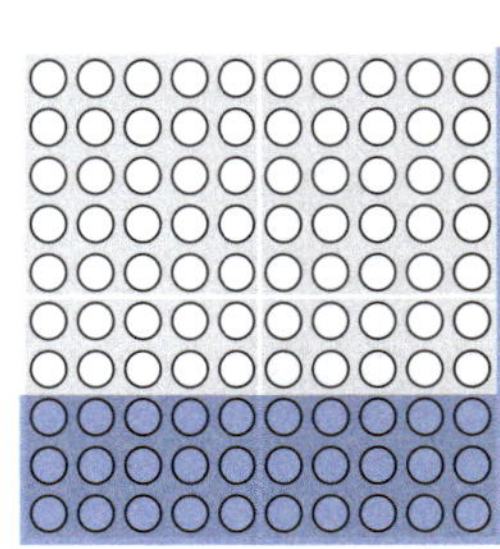

Malaufgabe: ....

2 **Immer eine Zeile weniger. Rechne die Aufgabe und die Nachbaraufgabe.**

a)

Malaufgabe: ....

Malaufgabe: ....

b)

Malaufgabe: ....

Malaufgabe: ....

c)

Malaufgabe: ....

Malaufgabe: ....

Hier kannst du deinen Erfolgssticker einkleben.

Rechnen am Punktefeld

Tauschaufgaben am Punktefeld

Wenn du bei Malaufgaben die 1. und die 2. Zahl tauschst, bleibt das Ergebnis gleich.

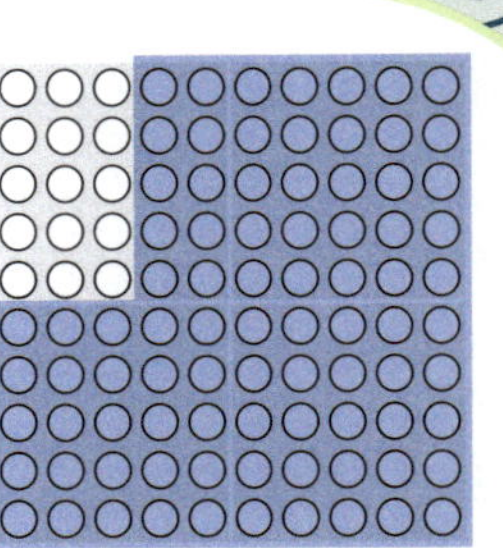

$3 \cdot 5 = 15$
$5 \cdot 3 = 15$

1 **Rechne die Aufgabe und die Tauschaufgabe.**

a)

Malaufgabe: ....

Tauschaufgabe: ....

b)

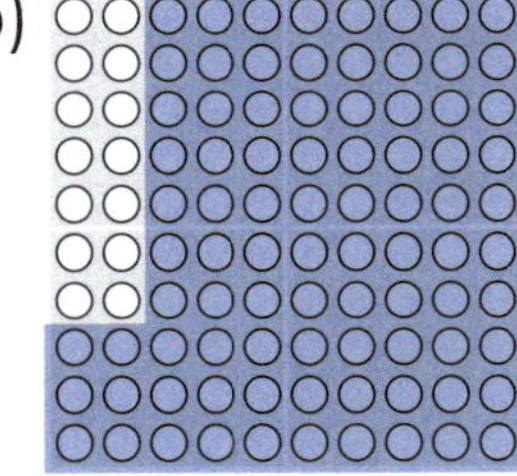

Malaufgabe: ....

Tauschaufgabe: ....

c)

Malaufgabe: ....

Tauschaufgabe: ....

d)

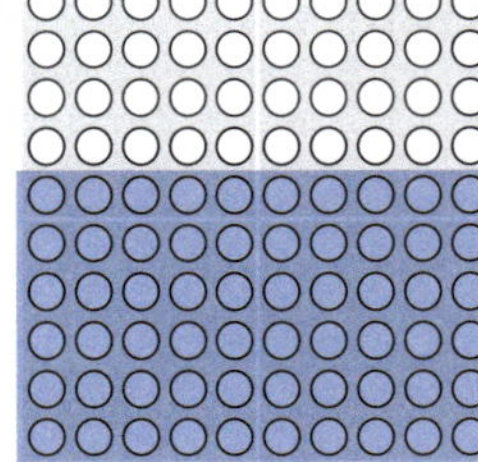

Malaufgabe: ....

Tauschaufgabe: ....

2 Rechne die Aufgabe und die Tauschaufgabe.

a)

Malaufgabe: ....

Tauschaufgabe: ....

b)

Malaufgabe: ....

Tauschaufgabe: ....

c)

Plusaufgabe: ....

Malaufgabe: ....

d)

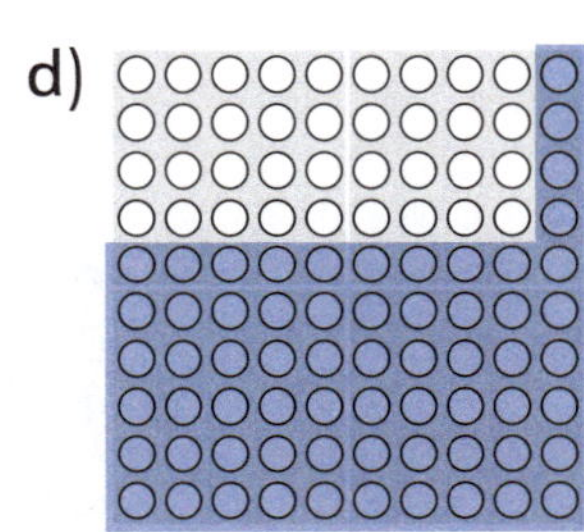

Plusaufgabe: ....

Malaufgabe: ....

3 Rechne die Aufgabe und die Tauschaufgabe. Welche Aufgabe ist für dich leichter? Kreise ein.

a) 3 · 7 = ...

7 · 3 = ...

b) 9 · 2 = ...

2 · 9 = ...

c) 10 · 3 = ...

3 · 10 = ...

d) 4 · 5 = ...

5 · 4 = ...

e) 6 · 2 = ...

2 · 6 = ...

f) 9 · 10 = ...

10 · 9 = ...

Hier kannst du deinen Erfolgssticker einkleben.

Einmaleins mit 2, 4, 5, 8 und 10

Kernaufgaben

Malaufgaben mit 1, mit 2, mit 5 und mit 10 nennt man Kernaufgaben.
Die Kernaufgaben helfen dir beim Lösen der anderen Malaufgaben.

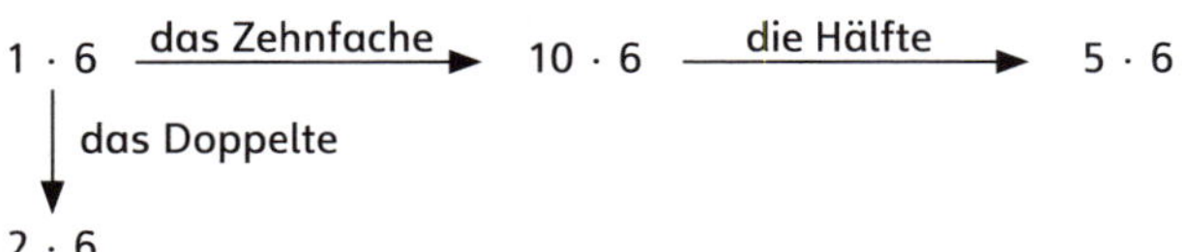

1 **Immer das Doppelte. Rechne.**

a) 1 · 7 = ...
2 · 7 = ...

b) 1 · 2 = ...
2 · 2 = ...

c) 1 · 3 = ...
2 · 3 = ...

d) 1 · 5 = ...
2 · 5 = ...

e) 1 · 6 = ...
2 · 6 = ...

f) 1 · 10 = ...
2 · 10 = ...

g) 1 · 8 = ...
2 · 8 = ...

h) 1 · 4 = ...
2 · 4 = ...

i) 1 · 9 = ...
2 · 9 = ...

2 **Immer das Zehnfache. Rechne.**

a) 1 · 7 = ...
10 · 7 = ...

b) 1 · 2 = ...
10 · 2 = ...

c) 1 · 3 = ...
10 · 3 = ...

d) 1 · 5 = ...
10 · 5 = ...

e) 1 · 6 = ...
10 · 6 = ...

f) 1 · 10 = ...
10 · 10 = ...

g) 1 · 8 = ...
10 · 8 = ...

h) 1 · 4 = ...
10 · 4 = ...

i) 1 · 9 = ...
10 · 9 = ...

3 Immer die Hälfte. Rechne.

a) $10 \cdot 7 =$ ....
$5 \cdot 7 =$ ....

b) $10 \cdot 2 =$ ....
$5 \cdot 2 =$ ....

c) $10 \cdot 3 =$ ....
$5 \cdot 3 =$ ....

d) $10 \cdot 5 =$ ....
$5 \cdot 5 =$ ....

e) $10 \cdot 6 =$ ....
$5 \cdot 6 =$ ....

f) $10 \cdot 10 =$ ....
$5 \cdot 10 =$ ....

g) $10 \cdot 8 =$ ....
$5 \cdot 8 =$ ....

h) $10 \cdot 4 =$ ....
$5 \cdot 4 =$ ....

i) $10 \cdot 9 =$ ....
$5 \cdot 9 =$ ....

4 Rechne die Kernaufgaben.

a) $1 \cdot 4 =$ ....
$2 \cdot 4 =$ ....
$5 \cdot 4 =$ ....
$10 \cdot 4 =$ ....

b) $1 \cdot 2 =$ ....
$2 \cdot 2 =$ ....
$5 \cdot 2 =$ ....
$10 \cdot 2 =$ ....

c) $1 \cdot 3 =$ ....
$2 \cdot 3 =$ ....
$5 \cdot 3 =$ ....
$10 \cdot 3 =$ ....

Hier kannst du deinen Erfolgssticker einkleben.

Einmaleins mit 2, 4, 5, 8 und 10

Einmaleins mit 2

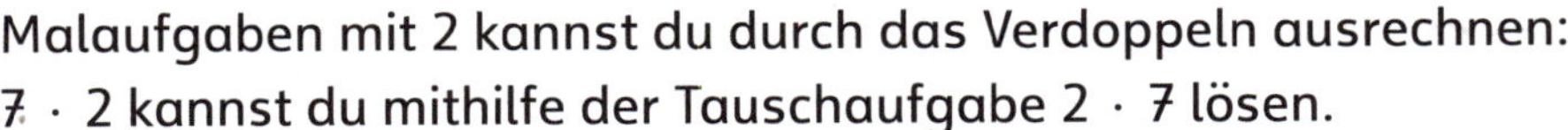

Malaufgaben mit 2 kannst du durch das Verdoppeln ausrechnen:
7 · 2 kannst du mithilfe der Tauschaufgabe 2 · 7 lösen.

Malaufgaben mit 2 sind Kernaufgaben, die in jeder Einmaleinsreihe vorkommen.

1 **Wie viele Schuhe sind es? Rechne die Plusaufgabe und Malaufgabe.**

a)

Plusaufgabe: ....

Malaufgabe: ....

b)

Plusaufgabe: ....

Malaufgabe: ....

c)

Plusaufgabe: ....

Malaufgabe: ....

d)

Plusaufgabe: ....

Malaufgabe: ....

2 Rechne die Kernaufgaben und lerne sie auswendig.

1 · 2 = ...

2 · 2 = ...

5 · 2 = ...

10 · 2 = ...

3 Rechne die Aufgaben und Tauschaufgaben.

a) 3 · 2 = ...
2 · 3 = ...

b) 5 · 2 = ...
2 · 5 = ...

c) 7 · 2 = ...
2 · 7 = ...

d) 4 · 2 = ...
2 · 4 = ...

e) 10 · 2 = ...
2 · 10 = ...

f) 9 · 2 = ...
2 · 9 = ...

4 Wie oft? Fülle die Lücken aus.

TIPP Du kannst die Malaufgaben durch das Zählen in Zweierschritten lösen.

a) .... · 2 = 2
.... · 2 = 8

b) .... · 2 = 6
.... · 2 = 20

c) .... · 2 = 4
.... · 2 = 10

Hier kannst du deinen Erfolgssticker einkleben.

Einmaleins mit 10

Wenn du eine Zahl mit 10 multiplizierst erhältst, du das Zehnfache der Zahl:
$7 \cdot 10 = 70$

Malaufgaben mit 10 sind Kernaufgaben, die in jeder Einmaleinsreihe vorkommen.

1 **Immer 10. Wie viele Finger sind es? Rechne die Plusaufgabe und Malaufgabe.**

a)

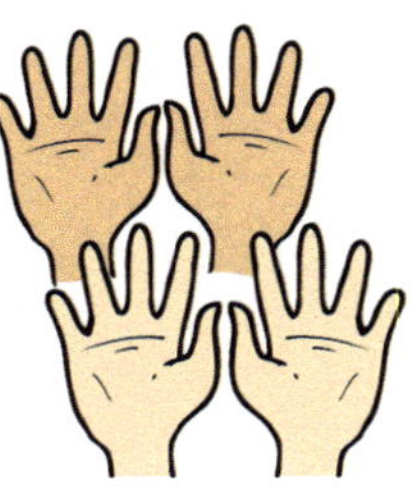

Plusaufgabe: ....

Malaufgabe: ....

b)

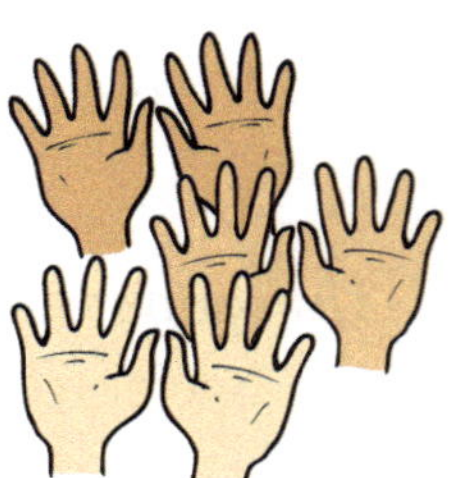

Plusaufgabe: ....

Malaufgabe: ....

c)

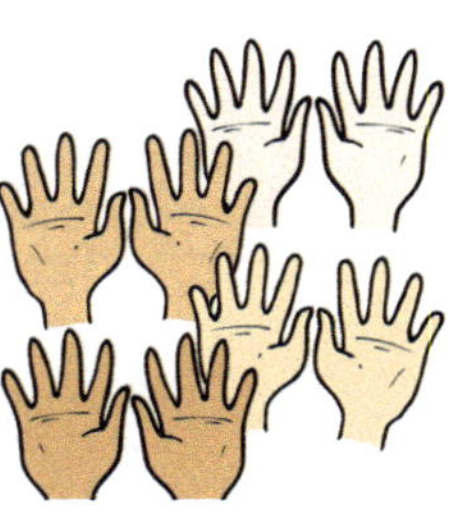

Plusaufgabe: ....

Malaufgabe: ....

d)

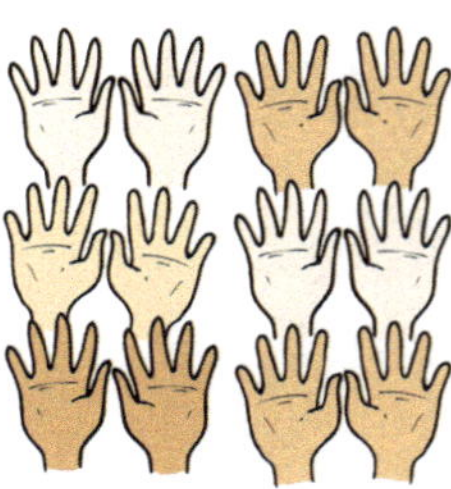

Plusaufgabe: ....

Malaufgabe: ....

2 Rechne die Kernaufgaben und lerne sie auswendig.

1 · 10 = ...

2 · 10 = ...

5 · 10 = ...

10 · 10 = ...

3 Rechne die Aufgaben und Tauschaufgaben.

a) 3 · 10 = ... b) 5 · 10 = ... c) 7 · 10 = ...

10 · 3 = ... 10 · 5 = ... 10 · 7 = ...

d) 0 · 10 = ... e) 9 · 10 = ... f) 1 · 10 = ...

10 · 0 = ... 10 · 9 = ... 10 · 1 = ...

4 Wie oft? Fülle die Lücken aus.

TIPP Du kannst die Malaufgaben durch das Zählen in Zehnerschritten lösen.

a) .... · 10 = 20 b) .... · 10 = 60 c) .... · 10 = 40

.... · 10 = 80 .... · 10 = 90 .... · 10 = 100

Hier kannst du deinen Erfolgssticker einkleben.

Einmaleins mit 5

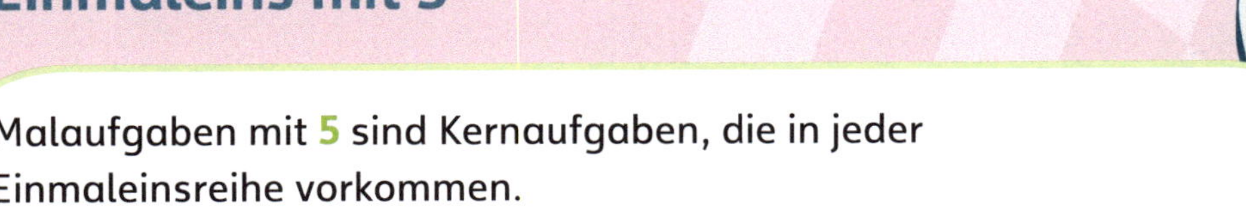

Malaufgaben mit **5** sind Kernaufgaben, die in jeder Einmaleinsreihe vorkommen.

1 **Immer 5. Wie viele Finger sind es? Rechne die Plusaufgabe und die Malaufgabe.**

a)

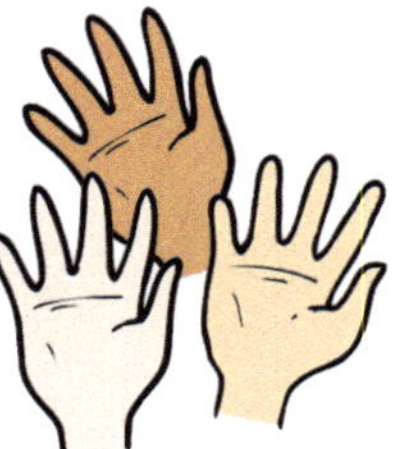

Plusaufgabe: ....

Malaufgabe: ....

b)

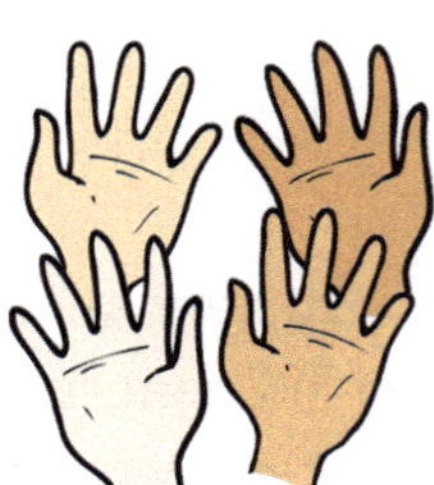

Plusaufgabe: ....

Malaufgabe: ....

c)

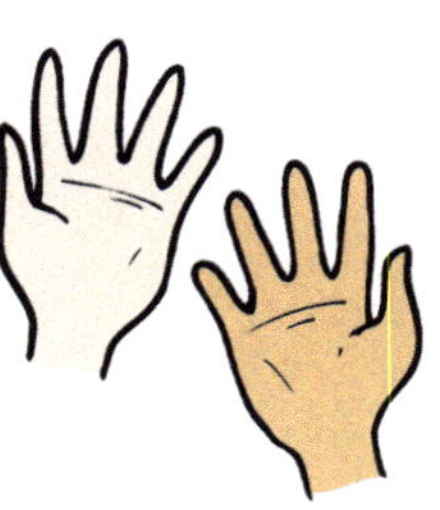

Plusaufgabe: ....

Malaufgabe: ....

d)

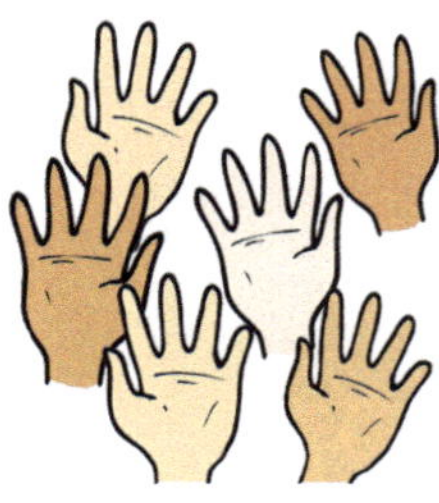

Plusaufgabe: ....

Malaufgabe: ....

2 Rechne die Kernaufgaben und lerne sie auswendig.

1 · 5 = ...

2 · 5 = ...

5 · 5 = ...

10 · 5 = ...

3 Rechne die Aufgaben und Tauschaufgaben.

a) 3 · 5 = ...	b) 2 · 5 = ...	c) 7 · 5 = ...
5 · 3 = ...	5 · 2 = ...	5 · 7 = ...
d) 1 · 5 = ...	e) 8 · 5 = ...	f) 4 · 5 = ...
5 · 1 = ...	5 · 8 = ...	5 · 4 = ...

4 Wie oft? Fülle die Lücken aus.

TIPP Du kannst die Malaufgaben durch das Zählen in Fünferschritten lösen.

a) .... · 5 = 10	b) .... · 5 = 25	c) .... · 5 = 50
.... · 5 = 20	.... · 5 = 15	.... · 5 = 30

Hier kannst du deinen Erfolgssticker einkleben.

Rechenstrategien – Kernaufgaben nutzen

Malaufgaben **mit 9** kannst du mit der Nachbaraufgabe **mit 10** lösen.

9 · 3

10 · 3 = 30
1 · 3 = 3
9 · 3 = 27

Du rechnest 10 mal 3 minus 1 mal 3.

1 **Rechne die Malaufgabe mit 9 mit der Nachbaraufgabe mit 10.**

a) **9 · 4**

10 · 4 = ...
1 · 4 = ...
9 · 4 = ...

b) **9 · 6**

10 · 6 = ...
1 · 6 = ...
9 · 6 = ...

c) **9 · 2**

10 · 2 = ...
1 · 2 = ...
9 · 2 = ...

d) **9 · 5**

10 · 5 = ...
1 · 5 = ...
9 · 5 = ...

e) **9 · 7**

10 · 7 = ...
1 · 7 = ...
9 · 7 = ...

f) **9 · 8**

10 · 8 = ...
1 · 8 = ...
9 · 8 = ...

g) **9 · 9**

10 · 9 = ...
1 · 9 = ...
9 · 9 = ...

h) **9 · 3**

10 · 3 = ...
1 · 3 = ...
9 · 3 = ...

i) **9 · 10**

10 · 10 = ...
1 · 10 = ...
9 · 10 = ...

Mithilfe der Kernaufgaben kannst du weitere Aufgaben ableiten.

6 · 2

$$\begin{array}{r} 5 \cdot 2 = 10 \\ 1 \cdot 2 = 2 \\ \hline 6 \cdot 2 = 12 \end{array}$$

Du rechnest 5 mal 2 plus 1 mal 2.

8 · 2

$$\begin{array}{r} 10 \cdot 2 = 20 \\ 2 \cdot 2 = 4 \\ \hline 8 \cdot 2 = 16 \end{array}$$

Du rechnest 10 mal 2 minus 2 mal 2.

2 Rechne mithilfe der Kernaufgaben.

a) **3 · 5**

2 · 5 = ...
1 · 5 = ...

---

3 · 5 = ...

b) **7 · 2**

5 · 2 = ...
2 · 2 = ...

---

7 · 2 = ...

c) **8 · 5**

10 · 5 = ...
2 · 5 = ...

---

8 · 5 = ...

d) **6 · 5**

5 · 5 = ...
1 · 5 = ...

---

6 · 5 = ...

e) **4 · 2**

2 · 2 = ...
2 · 2 = ...

---

4 · 2 = ...

f) **4 · 5**

2 · 5 = ...
2 · 5 = ...

---

4 · 5 = ...

Hier kannst du deinen Erfolgssticker einkleben.

Einmaleins mit 4

Du kannst viele Aufgaben des Einmaleins mit 4 mithilfe der Tauschaufgaben oder der Kernaufgaben lösen.

1 **Rechne die Kernaufgaben und lerne sie auswendig.**

1 · 4 = ...

2 · 4 = ...

5 · 4 = ...

10 · 4 = ...

2 **Rechne mithilfe der Kernaufgaben.**

a) **3 · 4**

2 · 4 = ...
1 · 4 = ...

3 · 4 = ...

b) **7 · 4**

5 · 4 = ...
2 · 4 = ...

7 · 4 = ...

c) **8 · 4**

10 · 4 = ...
2 · 4 = ...

8 · 4 = ...

d) **6 · 4**

5 · 4 = ...
1 · 4 = ...

6 · 4 = ...

e) **4 · 4**

2 · 4 = ...
2 · 4 = ...

4 · 4 = ...

f) **9 · 4**

10 · 4 = ...
1 · 4 = ...

9 · 4 = ...

3 Rechne die Malaufgaben.

a)	b)	c)
$2 \cdot 4 =$	$5 \cdot 4 =$	$10 \cdot 4 =$ ....
$3 \cdot 4 =$	$6 \cdot 4 =$	$9 \cdot 4 =$ ....
$4 \cdot 4 =$	$7 \cdot 4 =$	$8 \cdot 4 =$ ....

4 Wie oft? Fülle die Lücken aus.

TIPP Du kannst die Malaufgaben durch das Zählen in Viererschritten lösen.

a)	b)	c)
.... $\cdot 4 = 8$	.... $\cdot 4 = 20$	.... $\cdot 4 = 40$
.... $\cdot 4 = 12$	.... $\cdot 4 = 24$	.... $\cdot 4 = 36$

d)	e)	f)
.... $\cdot 4 = 0$	.... $\cdot 4 = 32$	.... $\cdot 4 = 16$
.... $\cdot 4 = 4$	.... $\cdot 4 = 28$	.... $\cdot 4 = 12$

Hier kannst du deinen Erfolgssticker einkleben.

Einmaleins mit 8

Du kannst viele Aufgaben des Einmaleins mit 8 mithilfe der Tauschaufgaben oder der Kernaufgaben lösen.

1 **Rechne die Kernaufgaben und lerne sie auswendig.**

1 · 8 = ...

2 · 8 = ...

5 · 8 = ...

10 · 8 = ...

2 **Rechne mithilfe der Kernaufgaben.**

a) **3 · 8**

2 · 8 = ...
1 · 8 = ...

---

3 · 8 = ...

b) **7 · 8**

5 · 8 = ...
2 · 8 = ...

---

7 · 8 = ...

c) **8 · 8**

10 · 8 = ...
2 · 8 = ...

---

8 · 8 = ...

d) **6 · 8**

5 · 8 = ...
1 · 8 = ...

---

6 · 8 = ...

e) **4 · 8**

2 · 8 = ...
2 · 8 = ...

---

4 · 8 = ...

f) **9 · 8**

10 · 8 = ...
1 · 8 = ...

---

9 · 8 = ...

3 Rechne die Malaufgaben.

a) 2 · 8 = ...
3 · 8 = ...
4 · 8 = ...

b) 5 · 8 = ...
6 · 8 = ...
7 · 8 = ...

c) 10 · 8 = ...
9 · 8 = ...
8 · 8 = ...

4 Wie oft? Fülle die Lücken aus.

a) .... · 8 = 16
.... · 8 = 24
.... · 8 = 0

b) .... · 8 = 24
.... · 8 = 40
.... · 8 = 56

c) .... · 8 = 80
.... · 8 = 72
.... · 8 = 64

5 Finde jeweils drei Malaufgaben zu diesen Ergebnissen.

a) 24

b) 16

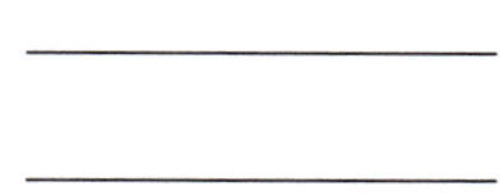

Hier kannst du deinen Erfolgssticker einkleben.

Einmaleinsreihen mit 2, 5, 10, 4 und 8

Die vollständigen Einmaleinsreihen gehen von 0 bis 10.

Übe diese Reihen immer wieder, bis du sie auswendig kannst.

1 **Rechne die Einmaleinsreihen und lerne sie auswendig.**

a)

$0 \cdot 2 =$ ....

$1 \cdot 2 =$ ....

$2 \cdot 2 =$ ....

$3 \cdot 2 =$ ....

$4 \cdot 2 =$ ....

$5 \cdot 2 =$ ....

$6 \cdot 2 =$ ....

$7 \cdot 2 =$ ....

$8 \cdot 2 =$ ....

$9 \cdot 2 =$ ....

$10 \cdot 2 =$ ....

b)

$0 \cdot 5 =$ ....

$1 \cdot 5 =$ ....

$2 \cdot 5 =$ ....

$3 \cdot 5 =$ ....

$4 \cdot 5 =$ ....

$5 \cdot 5 =$ ....

$6 \cdot 5 =$ ....

$7 \cdot 5 =$ ....

$8 \cdot 5 =$ ....

$9 \cdot 5 =$ ....

$10 \cdot 5 =$ ....

Fit in der Grundschule
10-Minuten-Trainer

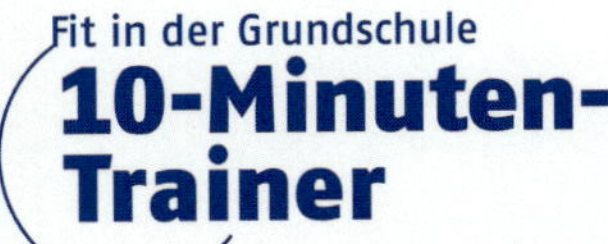

Mein Stickerbogen

Für jede gelöste Doppelseite in diesem Arbeitsheft darfst du dich mit einem **Erfolgssticker** belohnen.
Suche dir einfach einen Sticker aus und klebe ihn in das dafür vorgesehene Feld am Ende jeder Doppelseite.

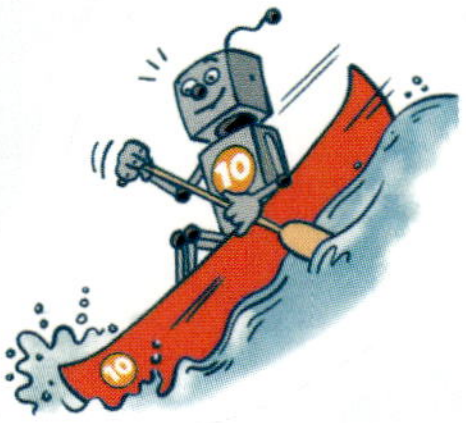

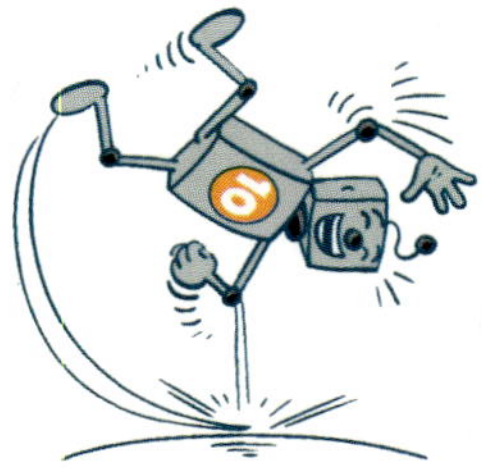

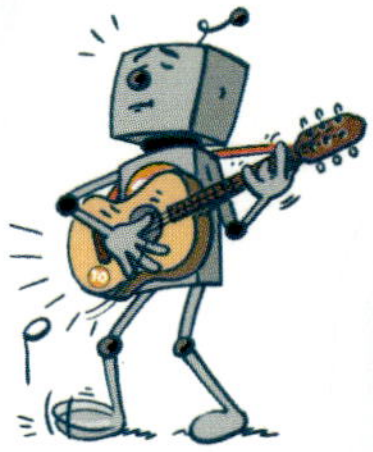

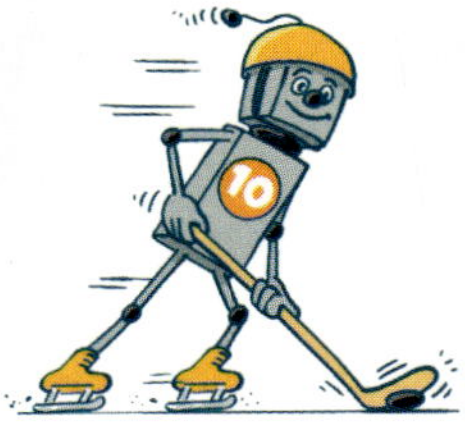

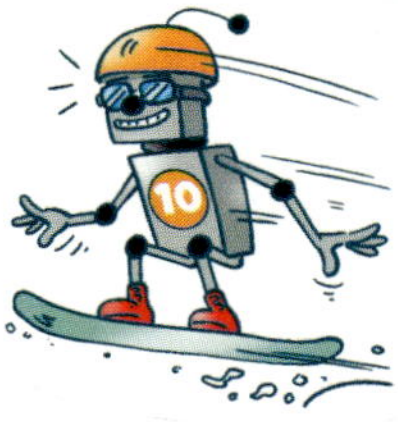

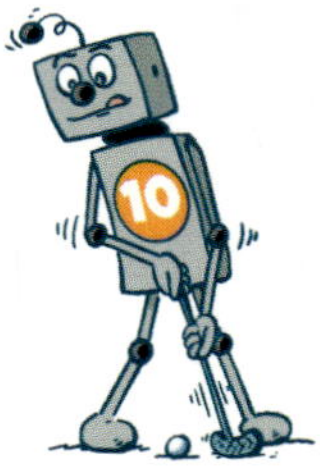

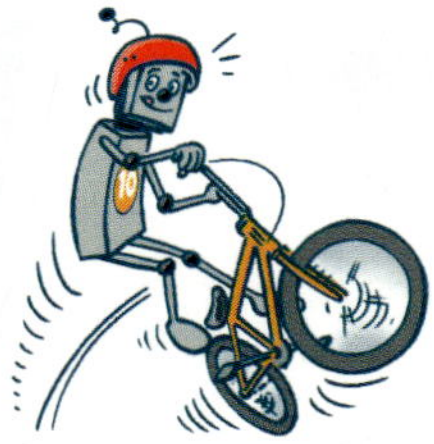

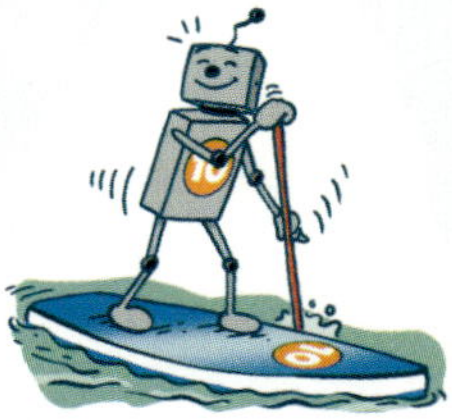

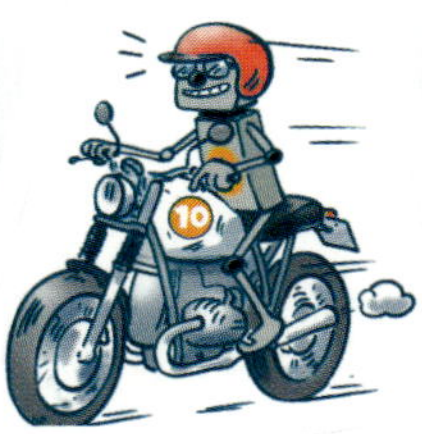

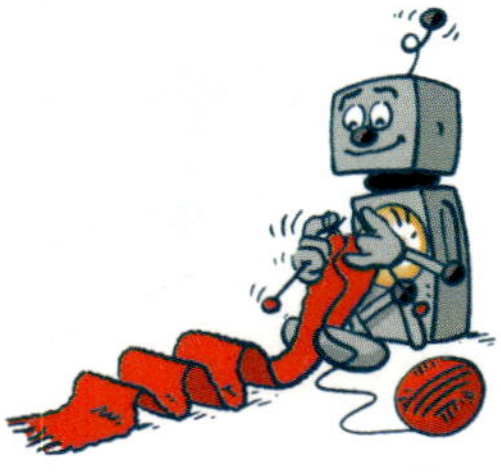

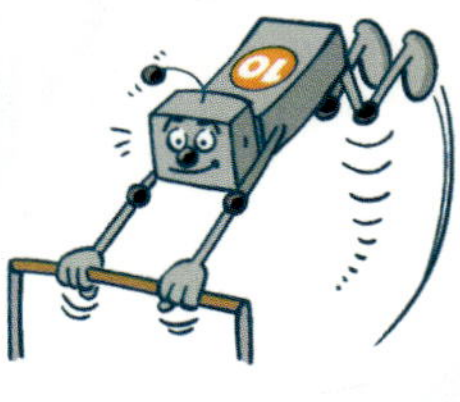

Illustrationen: Hans-Jürgen Feldhaus

960.265

2 **Rechne die Einmaleinsreihen und lerne sie auswendig.**

a)
0 · 10 = ...
1 · 10 = ...
2 · 10 = ...
3 · 10 = ...
4 · 10 = ...
5 · 10 = ...
6 · 10 = ...
7 · 10 = ...
8 · 10 = ...
9 · 10 = ...
10 · 10 = ...

b)
0 · 4 = ...
1 · 4 = ...
2 · 4 = ...
3 · 4 = ...
4 · 4 = ...
5 · 4 = ...
6 · 4 = ...
7 · 4 = ...
8 · 4 = ...
9 · 4 = ...
10 · 4 = ...

c)
0 · 8 = ...
1 · 8 = ...
2 · 8 = ...
3 · 8 = ...
4 · 8 = ...
5 · 8 = ...
6 · 8 = ...
7 · 8 = ...
8 · 8 = ...
9 · 8 = ...
10 · 8 = ...

Hier kannst du deinen Erfolgssticker einkleben.

Einmaleins mit 2, 4, 5, 8 und 10

Gemischte Übungen

Bei **Multiplikations-Rechendreiecken** multiplizierst du zwei nebeneinanderstehende Innenzahlen.

Das Ergebnis notierst du auf der Außenlinie.

1 **Fülle die Rechendreiecke aus.**

a)
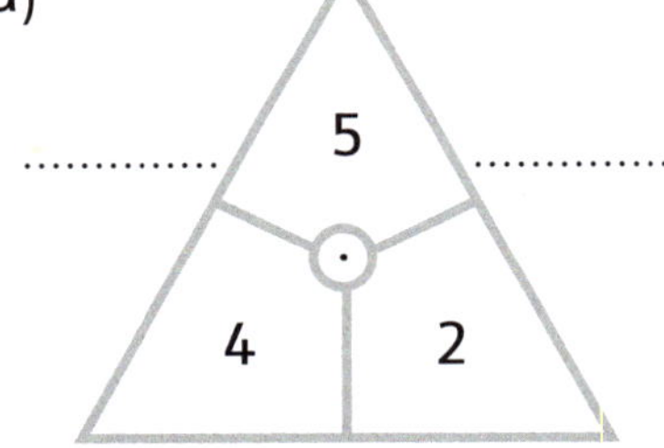

b)
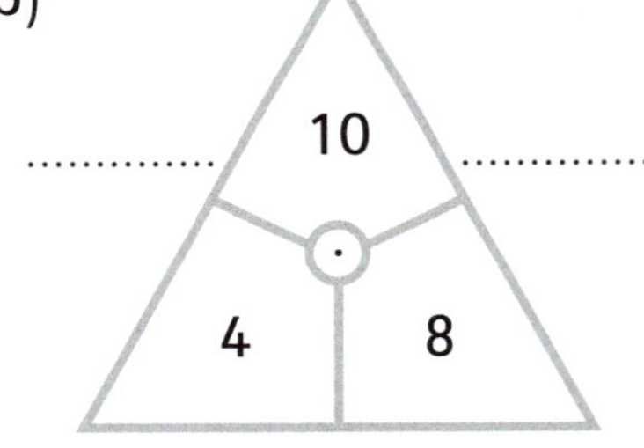

c)
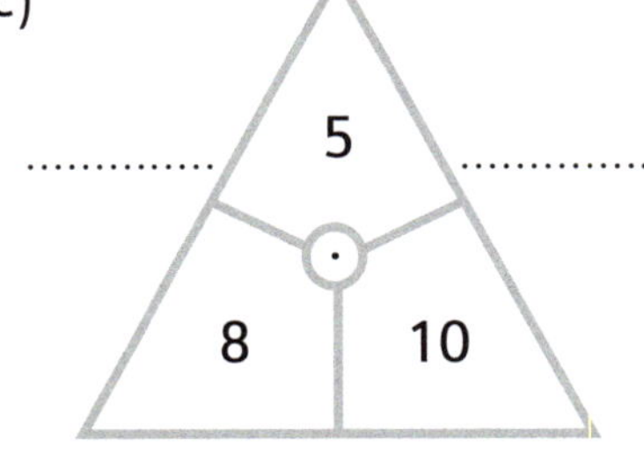

d)
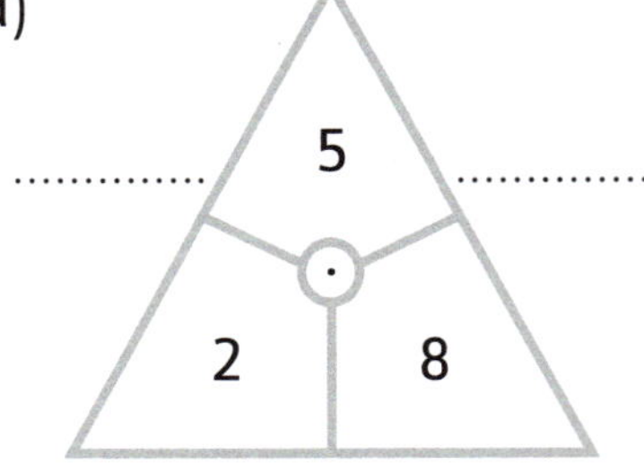

2 Fülle die Rechendreiecke aus.

a)

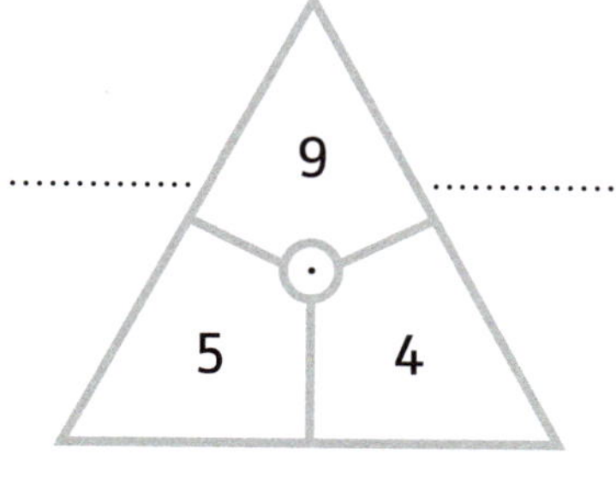

b)

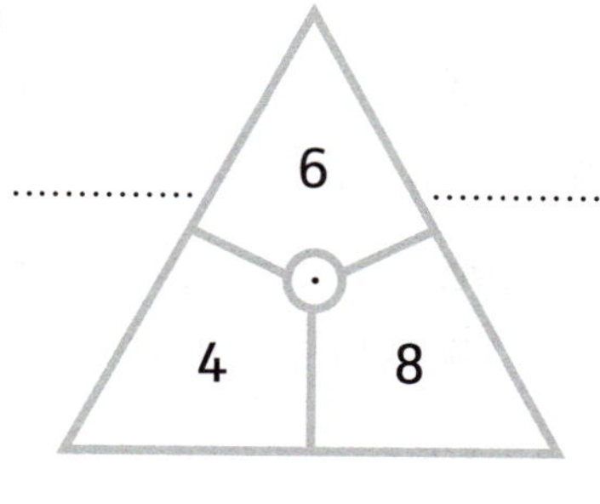

c)

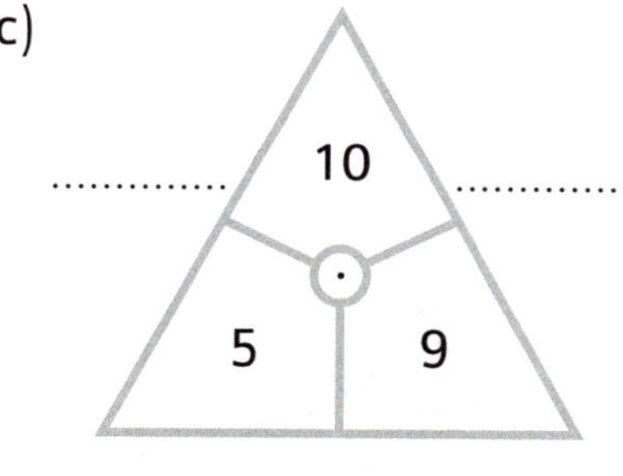

d)

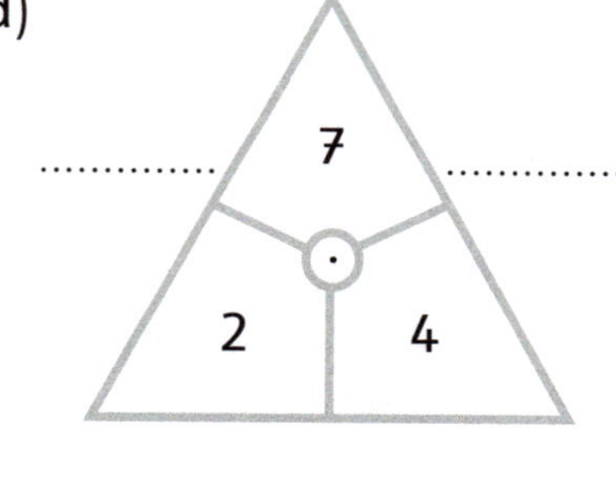

e)

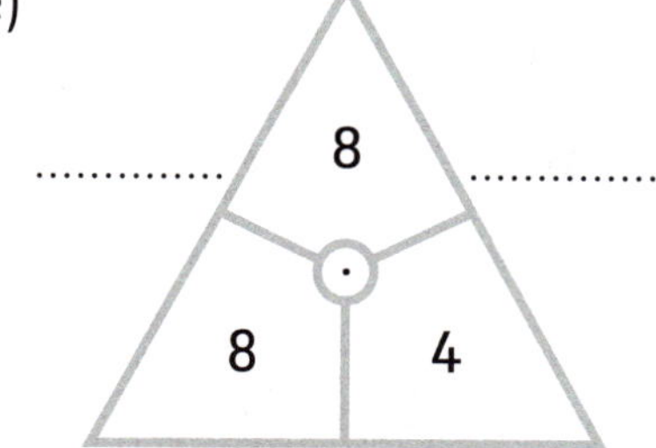

f)

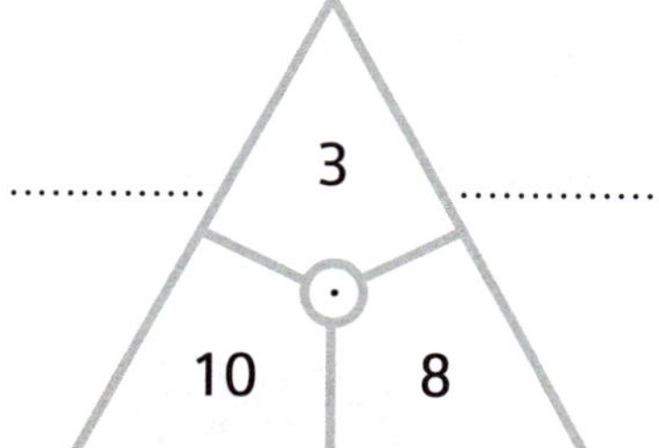

Hier kannst du deinen Erfolgssticker einkleben.

Dividieren

Aufteilen

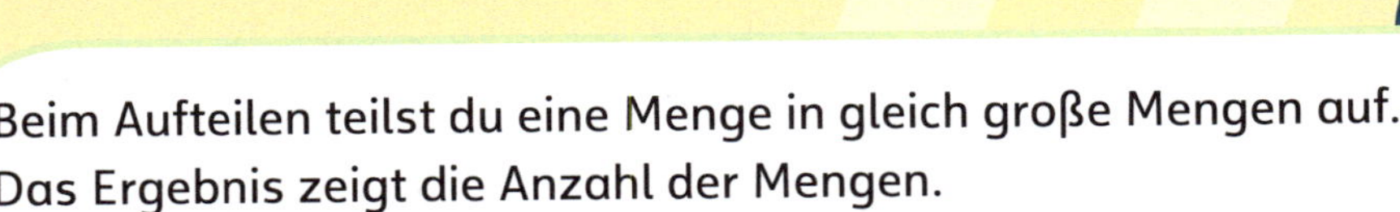

Beim Aufteilen teilst du eine Menge in gleich große Mengen auf.
Das Ergebnis zeigt die Anzahl der Mengen.

16 Bälle werden in Netze aufgeteilt.
Es kommen immer **2** Bälle in ein Netz.

16 : **2** = **8**
Es sind **8** Netze.

1 **Wie viele Netze sind es?**

a)

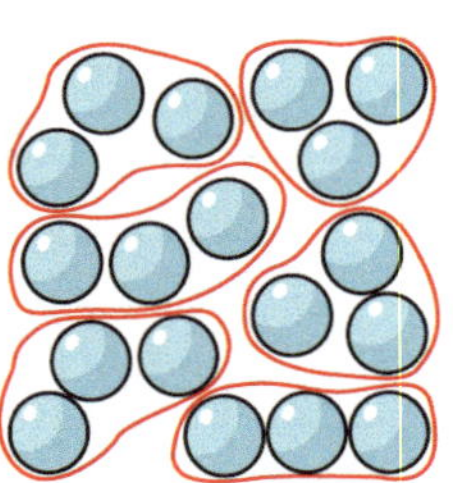

18 : 3 = ...

Es sind .... Netze.

b)

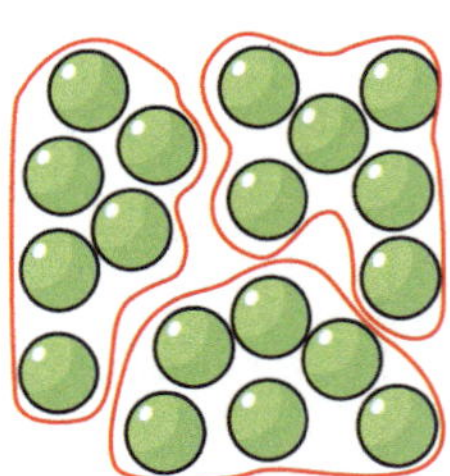

18 : 6 = ...

Es sind .... Netze.

c)

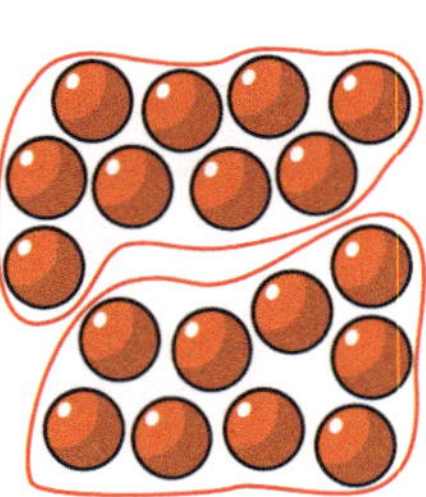

18 : 9 = ...

Es sind .... Netze.

d)

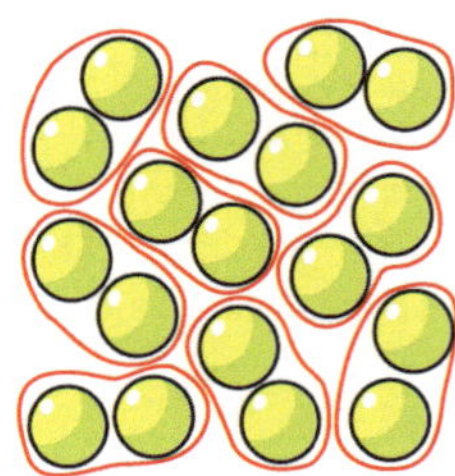

18 : 2 = ...

Es sind .... Netze.

2 Wie viele Netze sind es?

a)

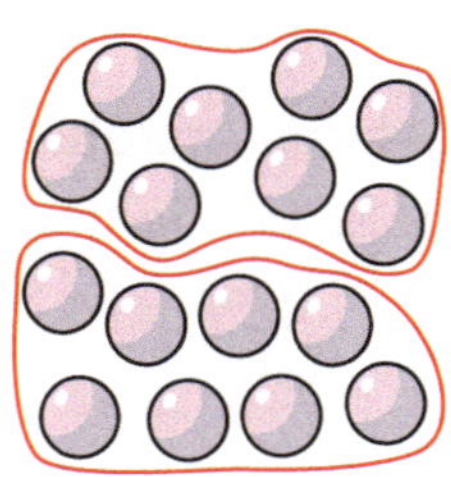

16 : 8 = ...

Es sind .... Netze.

b)

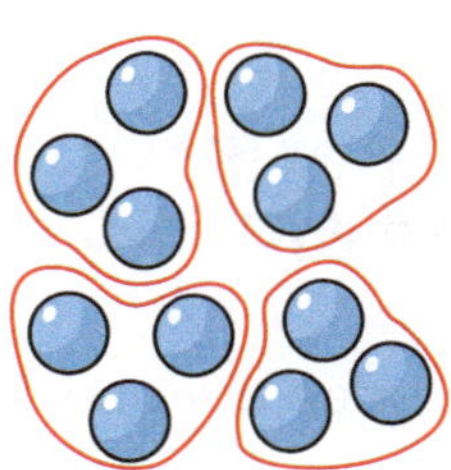

12 : 3 = ...

Es sind .... Netze.

c)

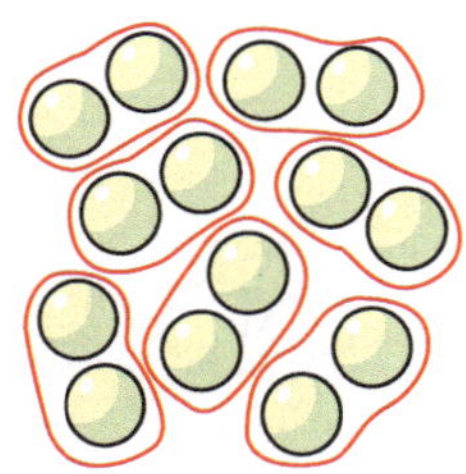

14 : 2 = ...

Es sind .... Netze.

d)

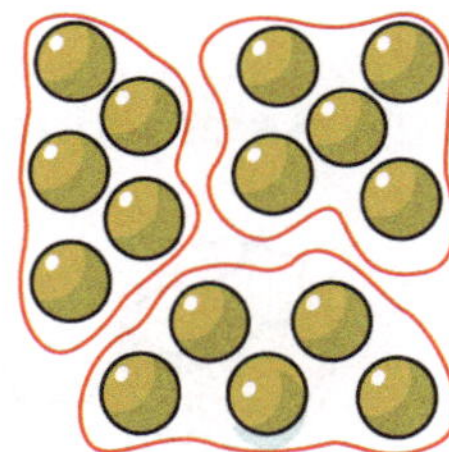

15 : 5 = ...

Es sind .... Netze.

e)

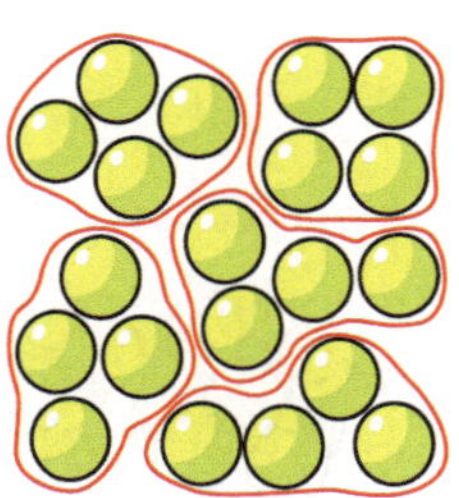

20 : 4 = ...

Es sind .... Netze.

f)

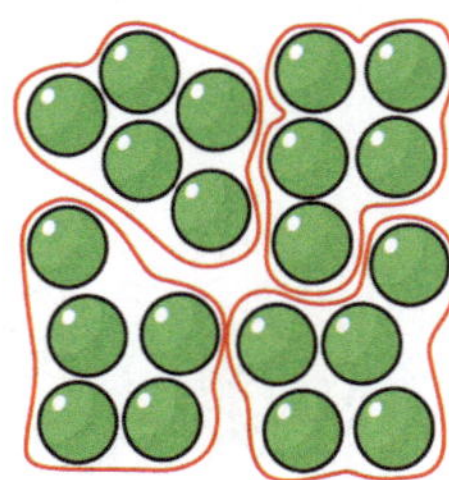

20 : 5 = ...

Es sind .... Netze.

Hier kannst du deinen Erfolgssticker einkleben.

Dividieren

Verteilen

Beim **Verteilen** wird eine Menge auf eine vorgegebene Anzahl von Teilmengen aufgeteilt. Das Ergebnis zeigt die Größe der Teilmenge.

15 Kekse werden auf drei Teller verteilt.
15 : **3** = **5**

Auf jedem Teller sind **5** Kekse.

1 Wie viele Kekse sind auf jedem Teller?

a)

12 : 3 = ...

Auf jedem Teller sind .... Kekse.

b)

12 : 4 = ...

Auf jedem Teller sind .... Kekse.

c)

20 : 5 = ...

Auf jedem Teller sind .... Kekse.

d)

20 : 4 = ...

Auf jedem Teller sind .... Kekse.

2 Wie viele Kekse sind auf jedem Teller?

a)

...... : ...... = ...

Auf jedem Teller sind .... Kekse.

b)

...... : ...... = ...

Auf jedem Teller sind .... Kekse.

c)

...... : ...... = ...

Auf jedem Teller sind .... Kekse.

d)

...... : ...... = ...

Auf jedem Teller sind .... Kekse.

e)

...... : ...... = ...

Auf jedem Teller sind ....

Kekse.

f)

...... : ...... = ...

Auf jedem Teller sind

.... Kekse.

Hier kannst du deinen Erfolgssticker einkleben.

Umkehraufgaben

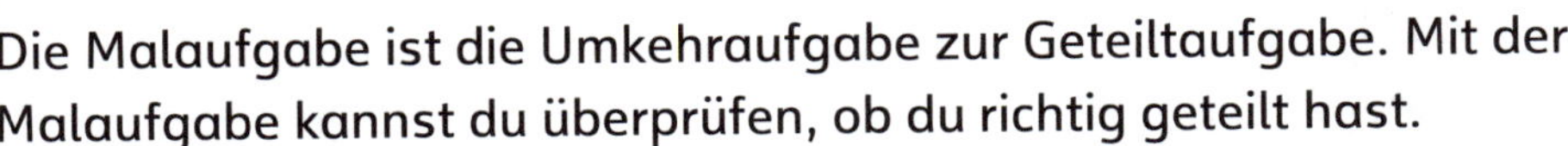

Die Malaufgabe ist die Umkehraufgabe zur Geteiltaufgabe. Mit der Malaufgabe kannst du überprüfen, ob du richtig geteilt hast.

12 : 3 = 4 denn 4 · 3 = 12

1 **Prüfe mit der Umkehraufgabe.**

a) 5 : 5 = ... denn .... · 5 = ...

10 : 5 = ... denn .... · 5 = ...

25 : 5 = ... denn .... · 5 = ...

50 : 5 = ... denn .... · 5 = ...

15 : 5 = ... denn .... · 5 = ...

b) 10 : 10 = ... denn .... · 10 = ...

50 : 10 = ... denn .... · 10 = ...

100 : 10 = ... denn .... · 10 = ...

20 : 10 = ... denn .... · 10 = ...

40 : 10 = ... denn .... · 10 = ...

2 Prüfe mit der Umkehraufgabe.

a) 10 : 2 = ... denn .... · 2 = ...

20 : 2 = ... denn .... · 2 = ...

4 : 2 = ... denn .... · 2 = ...

2 : 2 = ... denn .... · 2 = ...

12 : 2 = ... denn .... · 2 = ...

b) 8 : 4 = ... denn .... · 4 = ...

40 : 4 = ... denn .... · 4 = ...

4 : 4 = ... denn .... · 4 = ...

20 : 4 = ... denn .... · 4 = ...

16 : 4 = ... denn .... · 4 = ...

c) 80 : 8 = ... denn .... · 8 = ...

16 : 8 = ... denn .... · 8 = ...

40 : 8 = ... denn .... · 8 = ...

8 : 8 = ... denn .... · 8 = ...

24 : 8 = ... denn .... · 8 = ...

Hier kannst du deinen Erfolgssticker einkleben.

Einmaleins mit 3

Du kannst viele Aufgaben des Einmaleins mit 3 mithilfe der Tauschaufgaben oder der Kernaufgaben lösen.

1 Rechne die Kernaufgaben und lerne sie auswendig.

1 · 3 = ...

2 · 3 = ...

5 · 3 = ...

10 · 3 = ...

2 Rechne mithilfe der Kernaufgaben.

a) **3 · 3**

2 · 3 = ...
1 · 3 = ...

3 · 3 = ...

b) **7 · 3**

5 · 3 = ...
2 · 3 = ...

7 · 3 = ...

c) **8 · 3**

10 · 3 = ...
2 · 3 = ...

8 · 3 = ...

d) **6 · 3**

5 · 3 = ...
1 · 3 = ...

6 · 3 = ...

e) **4 · 3**

2 · 3 = ...
2 · 3 = ...

4 · 3 = ...

f) **9 · 3**

10 · 3 = ...
1 · 3 = ...

9 · 3 = ...

3 Rechne die Malaufgaben.

a) $2 \cdot 3 =$ ……………
$3 \cdot 3 =$ ……………
$4 \cdot 3 =$ ……………

b) $5 \cdot 3 =$ ……………
$6 \cdot 3 =$ ……………
$7 \cdot 3 =$ ……………

c) $10 \cdot 3 =$ ……………
$9 \cdot 3 =$ ……………
$8 \cdot 3 =$ ……………

4 Wie oft? Fülle die Lücken aus.

a) …………… $\cdot 3 = 6$
…………… $\cdot 3 = 30$
…………… $\cdot 3 = 0$

b) …………… $\cdot 3 = 15$
…………… $\cdot 3 = 18$
…………… $\cdot 3 = 3$

c) …………… $\cdot 3 = 21$
…………… $\cdot 3 = 24$
…………… $\cdot 3 = 27$

5 Prüfe mit der Umkehraufgabe.

$6 : 3 =$ …………… denn …………… $\cdot 3 =$ ……………
$12 : 3 =$ …………… denn …………… $\cdot 3 =$ ……………
$15 : 3 =$ …………… denn …………… $\cdot 3 =$ ……………
$30 : 3 =$ …………… denn …………… $\cdot 3 =$ ……………

Hier kannst du deinen Erfolgssticker einkleben.

Einmaleins mit 3, 6, 7 und 9

Einmaleins mit 6

Du kannst viele Aufgaben des Einmaleins mit 6 mithilfe der Tauschaufgaben oder der Kernaufgaben lösen.

1 Rechne die Kernaufgaben und lerne sie auswendig.

$1 \cdot 6 =$ ....

$2 \cdot 6 =$ ....

$5 \cdot 6 =$ ....

$10 \cdot 6 =$ ....

2 Rechne mithilfe der Kernaufgaben.

a) **$3 \cdot 6$**

$2 \cdot 6 =$ ....
$1 \cdot 6 =$ ....

$3 \cdot 6 =$ ....

b) **$7 \cdot 6$**

$5 \cdot 6 =$ ....
$2 \cdot 6 =$ ....

$7 \cdot 6 =$ ....

c) **$8 \cdot 6$**

$10 \cdot 6 =$ ....
$2 \cdot 6 =$ ....

$8 \cdot 6 =$ ....

d) **$6 \cdot 6$**

$5 \cdot 6 =$ ....
$1 \cdot 6 =$ ....

$6 \cdot 6 =$ ....

e) **$4 \cdot 6$**

$2 \cdot 6 =$ ....
$2 \cdot 6 =$ ....

$4 \cdot 6 =$ ....

f) **$9 \cdot 6$**

$10 \cdot 6 =$ ....
$1 \cdot 6 =$ ....

$9 \cdot 6 =$ ....

3 **Rechne die Malaufgaben.**

a) $2 \cdot 6 =$ .... b) $5 \cdot 6 =$ .... c) $10 \cdot 6 =$ ....

$3 \cdot 6 =$ .... $6 \cdot 6 =$ .... $9 \cdot 6 =$ ....

$4 \cdot 6 =$ .... $7 \cdot 6 =$ .... $8 \cdot 6 =$ ....

4 **Prüfe mit der Umkehraufgabe.**

a) $12 : 6 =$ .... denn .... $\cdot\ 6 =$ ....

$60 : 6 =$ .... denn .... $\cdot\ 6 =$ ....

$24 : 6 =$ .... denn .... $\cdot\ 6 =$ ....

b) $30 : 6 =$ .... denn .... $\cdot\ 6 =$ ....

$48 : 6 =$ .... denn .... $\cdot\ 6 =$ ....

$18 : 6 =$ .... denn .... $\cdot\ 6 =$ ....

5 **Wie heißt die Zahl?**

a) Meine Zahl ist eine Sechserzahl. Sie ist größer als 50 und kleiner als 60.

....

....

b) Meine Zahl ist eine Sechserzahl und gleichzeitig eine Dreierzahl. Sie ist kleiner als 10.

....

....

Hier kannst du deinen Erfolgssticker einkleben.

Einmaleins mit 9

Du kannst viele Aufgaben des Einmaleins mit 9 mithilfe der Tauschaufgaben oder der Kernaufgaben lösen.

1 **Rechne die Kernaufgaben und lerne sie auswendig.**

1 · 9 = ...

2 · 9 = ...

5 · 9 = ...

10 · 9 = ...

2 **Rechne mithilfe der Kernaufgaben.**

a) **3 · 9**

2 · 9 = ...
1 · 9 = ...

3 · 9 = ...

b) **7 · 9**

5 · 9 = ...
2 · 9 = ...

7 · 9 = ...

c) **8 · 9**

10 · 9 = ...
2 · 9 = ...

8 · 9 = ...

d) **6 · 9**

5 · 9 = ...
1 · 9 = ...

6 · 9 = ...

e) **4 · 9**

2 · 9 = ...
2 · 9 = ...

4 · 9 = ...

f) **9 · 9**

10 · 9 = ...
1 · 9 = ...

9 · 9 = ...

3 Rechne die Malaufgaben.

a) 2 · 9 = ...
3 · 9 = ...
4 · 9 = ...

b) 5 · 9 = ...
6 · 9 = ...
7 · 9 = ...

c) 10 · 9 = ...
9 · 9 = ...
8 · 9 = ...

4 Wie oft? Fülle die Lücken aus.

a) .... · 9 = 90
.... · 9 = 72
.... · 9 = 9

b) .... · 9 = 18
.... · 9 = 27
.... · 9 = 0

c) .... · 9 = 36
.... · 9 = 54
.... · 9 = 63

5 Prüfe mit der Umkehraufgabe.

a) 18 : 9 = ... denn .... · 9 = ...
90 : 9 = ... denn .... · 9 = ...
36 : 9 = ... denn .... · 9 = ...

b) 45 : 9 = ... denn .... · 9 = ...
72 : 9 = ... denn .... · 9 = ...
27 : 9 = ... denn .... · 9 = ...

Hier kannst du deinen Erfolgssticker einkleben.

Einmaleins mit 3, 6, 7 und 9

Zusammenhänge zwischen 3, 6 und 9

Die Einmaleins-Reihen mit 3, 6 und 9 hängen zusammen Diese Zusammenhänge werden hier untersucht und helfen dir beim Lösen von Einmaleinsaufgaben mit 3, 6 und 9.

1 **Kreise in der Hundertertafel ein:**

- die Dreierzahlen grün
- die Sechserzahlen rot
- die Neunerzahlen blau

1	2	3	4	5	6	7	8	9	10
11	12	13	14	15	16	17	18	19	20
21	22	23	24	25	26	27	28	29	30
31	32	33	34	35	36	37	38	39	40
41	42	43	44	45	46	47	48	49	50
51	52	53	54	55	56	57	58	59	60
61	62	63	64	65	66	67	68	69	70
71	72	73	74	75	76	77	78	79	80
81	82	83	84	85	86	87	88	89	90
91	92	93	94	95	96	97	98	99	100

2 Für welche Zahlen gilt dies jeweils?

a) Sie sind mindestens einmal eingekreist:

....

b) Sie sind genau zweimal eingekreist:

....

c) Sie sind dreimal eingekreist:

....

3 Stimmt oder stimmt nicht? Kreuze an.

a) Jede Dreierzahl ist auch eine Sechserzahl.

☐ stimmt ☐ stimmt nicht

b) Jede Neunerzahl ist auch eine Dreierzahl.

☐ stimmt ☐ stimmt nicht

c) Jede Dreierzahl ist auch eine Neunerzahl.

☐ stimmt ☐ stimmt nicht

TIPP Eine Dreierzahl ist eine Zahl, die Teil der Einmaleinsreihe mit 3 ist. Die Einmaleinsreihe kann man auch für Zahlen fortführen, die größer als $3 \cdot 10 = 30$ sind. Das gilt natürlich auch für Sechserzahlen und Neunerzahlen!

Hier kannst du deinen Erfolgssticker einkleben.

Einmaleins mit 7

Du kannst viele Aufgaben des Einmaleins mit 7 mithilfe der Tauschaufgaben oder der Kernaufgaben lösen.

1 Rechne die Kernaufgaben und lerne sie auswendig.

1 · 7 = ...

2 · 7 = ...

5 · 7 = ...

10 · 7 = ...

2 Rechne mithilfe der Kernaufgaben.

a) 3 · 7

2 · 7 = ...
1 · 7 = ...

3 · 7 = ...

b) 7 · 7

5 · 7 = ...
2 · 7 = ...

7 · 7 = ...

c) 8 · 7

10 · 7 = ...
2 · 7 = ...

8 · 7 = ...

d) 6 · 7

5 · 7 = ...
1 · 7 = ...

6 · 7 = ...

e) 4 · 7

2 · 7 = ...
2 · 7 = ...

4 · 7 = ...

f) 9 · 7

10 · 7 = ...
1 · 7 = ...

9 · 7 = ...

3 Rechne die Malaufgaben.

a) $2 \cdot 7 =$ ....
$3 \cdot 7 =$ ....
$4 \cdot 7 =$ ....

b) $5 \cdot 7 =$ ....
$6 \cdot 7 =$ ....
$7 \cdot 7 =$ ....

c) $10 \cdot 7 =$ ....
$9 \cdot 7 =$ ....
$8 \cdot 7 =$ ....

4 Wie oft? Fülle die Lücken aus.

a) .... $\cdot\ 7 = 63$
.... $\cdot\ 7 = 35$
.... $\cdot\ 7 = 70$

b) .... $\cdot\ 7 = 14$
.... $\cdot\ 7 = 21$
.... $\cdot\ 7 = 7$

c) .... $\cdot\ 7 = 42$
.... $\cdot\ 7 = 49$
.... $\cdot\ 7 = 0$

5 Prüfe mit der Umkehraufgabe.

a) $14 : 7 =$ .... denn .... $\cdot\ 7 =$ ....
$70 : 7 =$ .... denn .... $\cdot\ 7 =$ ....
$35 : 7 =$ .... denn .... $\cdot\ 7 =$ ....

b) $28 : 7 =$ .... denn .... $\cdot\ 7 =$ ....
$42 : 7 =$ .... denn .... $\cdot\ 7 =$ ....
$35 : 7 =$ .... denn .... $\cdot\ 7 =$ ....

Hier kannst du deinen Erfolgssticker einkleben.

Einmaleinsreihen mit 3, 6, 9 und 7

Übe nun immer wieder die vollständigen Einmaleinsreihen bis du sie auswendig kannst.

1 **Rechne die Einmaleinsreihen und lerne sie auswendig.**

a) $0 \cdot 3 =$ ....
$1 \cdot 3 =$ ....
$2 \cdot 3 =$ ....
$3 \cdot 3 =$ ....
$4 \cdot 3 =$ ....
$5 \cdot 3 =$ ....
$6 \cdot 3 =$ ....
$7 \cdot 3 =$ ....
$8 \cdot 3 =$ ....
$9 \cdot 3 =$ ....
$10 \cdot 3 =$ ....

b) $0 \cdot 6 =$ ....
$1 \cdot 6 =$ ....
$2 \cdot 6 =$ ....
$3 \cdot 6 =$ ....
$4 \cdot 6 =$ ....
$5 \cdot 6 =$ ....
$6 \cdot 6 =$ ....
$7 \cdot 6 =$ ....
$8 \cdot 6 =$ ....
$9 \cdot 6 =$ ....
$10 \cdot 6 =$ ....

2 **Rechne die Einmaleinsreihen und lerne sie auswendig.**

a)		b)	
	$0 \cdot 9 =$		$0 \cdot 7 =$ ....
	$1 \cdot 9 =$		$1 \cdot 7 =$ ....
	$2 \cdot 9 =$		$2 \cdot 7 =$ ....
	$3 \cdot 9 =$		$3 \cdot 7 =$ ....
	$4 \cdot 9 =$		$4 \cdot 7 =$ ....
	$5 \cdot 9 =$		$5 \cdot 7 =$ ....
	$6 \cdot 9 =$		$6 \cdot 7 =$ ....
	$7 \cdot 9 =$		$7 \cdot 7 =$ ....
	$8 \cdot 9 =$		$8 \cdot 7 =$ ....
	$9 \cdot 9 =$		$9 \cdot 7 =$ ....
	$10 \cdot 9 =$		$10 \cdot 7 =$ ....

Hier kannst du deinen Erfolgssticker einkleben.

Gemischte Übungen

Rechendreiecke

Mit den **Multiplikations-Rechendreiecken** kannst du nochmal Malaufgaben und Geteiltaufgaben üben.

1 **Fülle die Rechendreiecke aus.**

a)

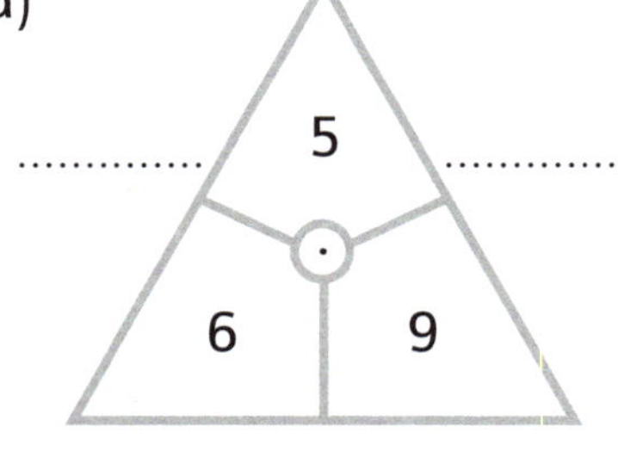

b)

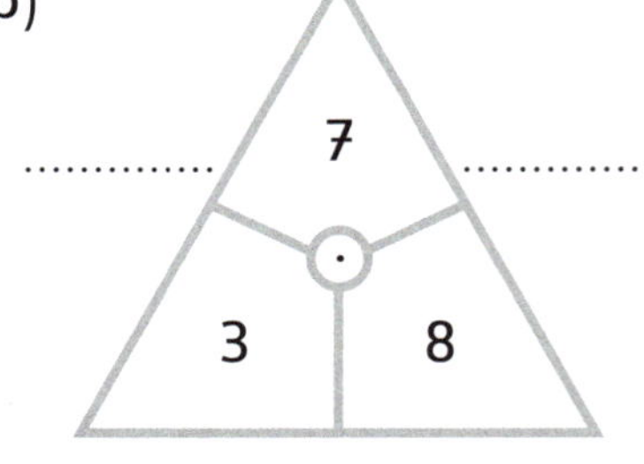

c)

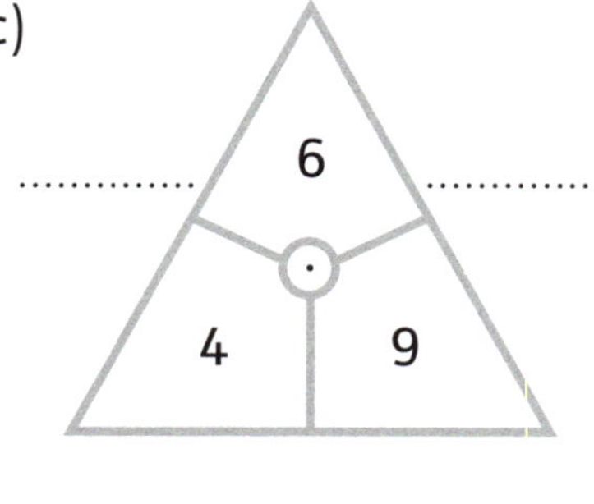

d)

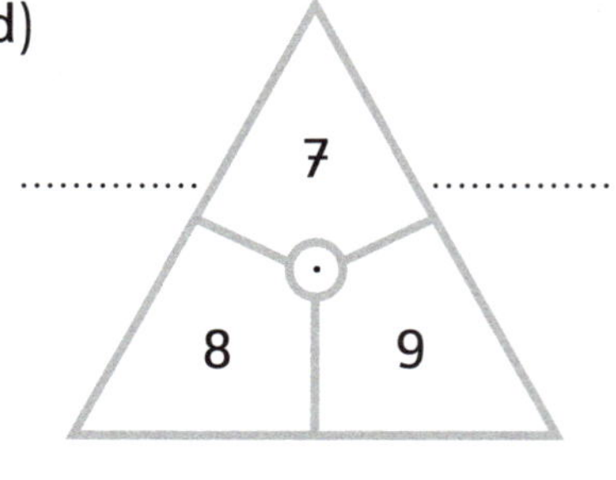

2 **Fülle die Rechendreiecke aus.**

a)

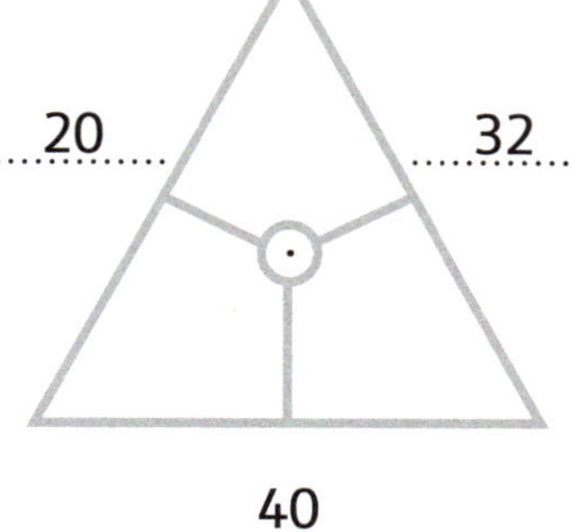

20 .... 32 ....

40 ....

b)

42 .... 24 ....

28 ....

c)

18 .... 21 ....

42 ....

d)

81 .... 36 ....

36 ....

Hier kannst du deinen Erfolgssticker einkleben.

Lösungen

Vom Addieren zum Multiplizieren

Seite 6

1. a) Plusaufgabe: 3 + 3 = 6
   Malaufgabe: 2 · 3 = 6
   b) Plusaufgabe: 2 + 2 + 2 + 2 = 8
   Malaufgabe: 4 · 2 = 8
   c) Plusaufgabe: 6 + 6 + 6 = 18
   Malaufgabe: 3 · 6 = 18
   d) Plusaufgabe: 6 + 6 = 12
   Malaufgabe: 2 · 6 = 12

Seite 7

2. a) Plusaufgabe: 7 + 7 = 14
   Malaufgabe: 2 · 7 = 14
   b) Plusaufgabe: 5 + 5 + 5 + 5 + 5 = 25
   Malaufgabe: 5 · 5 = 25
   c) Plusaufgabe: 8 + 8 + 8 = 24
   Malaufgabe: 3 · 8 = 24
   d) Plusaufgabe: 6 + 6 + 6 + 6 = 24
   Malaufgabe: 4 · 6 = 24
   e) Plusaufgabe: 6 + 6 = 12
   Malaufgabe: 2 · 6 = 12
   f) Plusaufgabe: 5 + 5 + 5 = 15
   Malaufgabe: 3 · 5 = 15

Seite 8

1. a) 3 · 8 = 24
   b) 4 · 8 = 32
   c) 2 · 10 = 20
   d) 5 · 10 = 50
   e) 4 · 5 = 20
   f) 6 · 5 = 30
   g) 3 · 7 = 21
   h) 4 · 7 = 28
   i) 3 · 6 = 18
   j) 4 · 6 = 24

Seite 9

2. a) 5 · 2 = 10 oder 2 · 5 = 10
   b) 3 · 4 = 12 oder 4 · 3 = 12
   c) 2 · 3 = 6 oder 3 · 2 = 6
   d) 5 · 5 = 25
   e) 3 · 6 = 18 oder 6 · 3 = 18
   f) 3 · 5 = 15 oder 5 · 3 = 15

Seite 10

1. a) Plusaufgabe: 2 + 2 + 2 = 6
   Malaufgabe: 3 · 2 = 6
   b) Plusaufgabe: 1 + 1 + 1 = 3
   Malaufgabe: 3 · 1 = 3
   c) Plusaufgabe: 0 + 0 + 0 = 0
   Malaufgabe: 3 · 0 = 0

Seite 11

2. a) Malaufgabe: 2 · 3 = 6
   Plusaufgabe: 3 + 3 = 6
   Malaufgabe: 2 · 2 = 4
   Plusaufgabe: 2 + 2 = 4
   Malaufgabe: 2 · 1 = 2
   Plusaufgabe: 1 + 1 = 2
   Malaufgabe: 2 · 0 = 0
   Plusaufgabe: 0 + 0 = 0
   b) Malaufgabe: 5 · 3 = 15
   Plusaufgabe: 3 + 3 + 3 + 3 + 3= 15
   Malaufgabe: 5 · 2 = 10
   Plusaufgabe: 2 + 2 + 2 + 2 + 2 = 10
   Malaufgabe: 5 · 1 = 5
   Plusaufgabe: 1 + 1 + 1 + 1 + 1 = 5
   Malaufgabe: 5 · 0 = 0
   Plusaufgabe: 0 + 0 + 0 + 0 + 0 = 0
   c) Malaufgabe: 3 · 3 = 9
   Plusaufgabe: 3 + 3 + 3 = 9
   Malaufgabe: 3 · 2 = 6
   Plusaufgabe: 2 + 2 + 2 = 6
   Malaufgabe: 3 · 1 = 2
   Plusaufgabe: 1 + 1 + 1 = 3
   Malaufgabe: 3 · 0 = 0
   Plusaufgabe: 0 + 0 + 0 = 0

Rechnen am Punktefeld

Seite 12

1. a) 3 + 3 + 3 + 3 = 12; 4 · 3 = 12
   oder
   4 + 4 + 4 = 12; 3 · 4 = 12
   b) 4 + 4 + 4 + 4 + 4 + 4 + 4 = 28;
   7 · 4 = 28
   oder
   7 + 7 + 7 + 7 = 28; 4 · 7 = 28
   c) 6 + 6 + 6 + 6 + 6 + 6 + 6 + 6 + 6 + 6 = 60;
   10 · 6 = 60
   oder
   10 + 10 + 10 + 10 + 10 + 10 = 60; 6 · 10 = 60
   b) 7 + 7 + 7 + 7 + 7 = 35; 5 · 7 = 35
   oder
   5 + 5 + 5 + 5 + 5 +5 + 5 = 35;
   7 · 5 = 35

Seite 13

2. a) 3 + 3 + 3 + 3 + 3 + 3 = 18; 6 · 3 = 18
   oder
   6 + 6 + 6 = 18; 3 · 6 = 18
   b) 2 + 2 + 2 + 2 + 2 + 2 + 2 = 14;
   7 · 2 = 14
   oder
   7 + 7 = 14; 2 · 7 = 14
3. a) 2 + 2 = 4; 2 · 2 = 4
   b) 5 + 5 + 5 + 5 + 5 = 25; 5 · 5 = 25
   c) 4 + 4 + 4 + 4 = 16; 4 · 4 = 16
   d) 10 + 10 + 10 + 10 + 10 + 10 + 10 + 10 + 10 + 10
   = 100; 10 · 10 = 100

Seite 14

1. a) 3 · 4 = 12
   4 · 4 = 16

b) 6 · 10 = 60
7 · 10 = 70

Seite 15

2. a) 7 · 5 = 35
6 · 5 = 30
b) 4 · 9 = 36
3 · 9 = 27
c) 6 · 3 = 18
5 · 3 = 15

Seite 16

1. a) Malaufgabe: 4 · 6 = 24
Tauschaufgabe: 6 · 4 = 24
b) Malaufgabe: 7 · 2 = 14
Tauschaufgabe: 2 · 7 = 14
c) Malaufgabe: 3 · 9 = 27
Tauschaufgabe: 9 · 3 = 27
d) Malaufgabe: 4 · 10 = 40
Tauschaufgabe: 10 · 4 = 40

Seite 17

2. a) Malaufgabe: 8 · 3 = 24
Tauschaufgabe: 3 · 8 = 24
b) Malaufgabe: 7 · 4 = 28
Tauschaufgabe: 4 · 7 = 28
c) Malaufgabe: 3 · 6 = 18
Tauschaufgabe: 6 · 3 = 18
d) Malaufgabe: 4 · 9 = 36
Tauschaufgabe: 9 · 4 = 36
3. a) Malaufgabe: 3 · 7 = 21
Tauschaufgabe: 7 · 3 = 21
b) Malaufgabe: 9 · 2 = 18
Tauschaufgabe: 2 · 9 = 18
c) Malaufgabe: 10 · 3 = 30
Tauschaufgabe: 3 · 10 = 30
d) Malaufgabe: 4 · 5 = 20
Tauschaufgabe: 5 · 4 = 20
e) Malaufgabe: 6 · 2 = 12
Tauschaufgabe: 2 · 6 = 12
f) Malaufgabe: 9 · 10 = 90
Tauschaufgabe: 10 · 9 = 90

Einmaleins mit 2, 4, 5, 8 und 10

Seite 18

1. a) 1 · 7 = 7; 2 · 7 = 14
b) 1 · 2 = 2; 2 · 2 = 4
c) 1 · 3 = 3; 2 · 3 = 6
d) 1 · 5 = 5; 2 · 5 = 10
e) 1 · 6 = 6; 2 · 6 = 12
f) 1 · 10 = 10; 2 · 10 = 20
g) 1 · 8 = 8; 2 · 8 = 16
h) 1 · 4 = 4; 2 · 4 = 8
i) 1 · 9 = 9; 2 · 9 = 18
2. a) 1 · 7 = 7; 10 · 7 = 70
b) 1 · 2 = 2; 10 · 2 = 20
c) 1 · 3 = 3; 10 · 3 = 30
d) 1 · 5 = 5; 10 · 5 = 50
e) 1 · 6 = 6; 10 · 6 = 60
f) 1 · 10 = 10; 10 · 10 = 100
g) 1 · 8 = 8; 10 · 8 = 80
h) 1 · 4 = 4; 10 · 4 = 40
i) 1 · 9 = 9; 10 · 9 = 90

Seite 19

3. a) 10 · 7 = 70; 5 · 7 = 35
b) 10 · 2 = 20; 5 · 2 = 10
c) 10 · 3 = 30; 5 · 3 = 15
d) 10 · 5 = 50; 5 · 5 = 25
e) 10 · 6 = 60; 5 · 6 = 30
f) 10 · 10 = 100; 5 · 10 = 50
g) 10 · 8 = 80; 5 · 8 = 40
h) 10 · 4 = 40; 5 · 4 = 20
i) 10 · 9 = 90; 5 · 9 = 45
4. a) 1 · 4 = 4; 2 · 4 = 8
5 · 4 = 20; 10 · 4 = 40
b) 1 · 2 = 2; 2 · 2 = 4
5 · 2 = 10; 10 · 2 = 20
c) 1 · 3 = 3; 2 · 3 = 6
5 · 3 = 15; 10 · 3 = 30

Seite 20

1. a) Plusaufgabe: 2 + 2 = 4
Malaufgabe: 2 · 2 = 4
b) Plusaufgabe: 2 + 2 + 2 + 2 = 8
Malaufgabe: 4 · 2 = 8
c) Plusaufgabe: 2 + 2 + 2 + 2 + 2 = 10
Malaufgabe: 5 · 2 = 10
d) Plusaufgabe: 2 + 2 + 2 = 6
Malaufgabe: 3 · 2 = 6

Seite 21

2. 1 · 2 = 2; 2 · 2 = 4; 5 · 2 = 10;10 · 2 = 20
3. a) 3 · 2 = 6; 2 · 3 = 6
b) 5 · 2 = 10; 2 · 5 = 10
c) 7 · 2 = 14; 2 · 7 = 14
d) 4 · 2 = 8; 2 · 4 = 8
e) 10 · 2 = 20; 2 · 10 = 20
f) 9 · 2 = 18; 2 · 9 = 18
4. a) 1 · 2 = 2
4 · 2 = 8
b) 3 · 2 = 6
10 · 2 = 20
c) 2 · 2 = 4
5 · 2 = 10

Seite 22

1. a) Plusaufgabe: 10 + 10 = 20
Malaufgabe: 2 · 10 = 20
b) Plusaufgabe: 10 + 10 + 10 = 30
Malaufgabe: 3 · 10 = 30
c) Plusaufgabe: 10 + 10 + 10 + 10 = 40
Malaufgabe: 4 · 10 = 40
d) Plusaufgabe: 10 + 10 + 10 + 10 + 10 + 10 = 60
Malaufgabe: 6 · 10 = 60

Seite 23

2. 1 · 10 = 10; 2 · 10 = 20;
   5 · 10 = 50; 10 · 10 = 100
3. a) 3 · 10 = 30; 10 · 3 = 30
   b) 5 · 10 = 30; 10 · 5 = 50
   c) 7 · 10 = 70; 10 · 7 = 70
   d) 0 · 10 = 0; 10 · 0 = 0
   e) 9 · 10 = 90; 10 · 9 = 90
   f) 1 · 10 = 10; 10 · 1 = 10
4. a) 2 · 10 = 20
   8 · 10 = 80
   b) 6 · 10 = 60
   9 · 10 = 90
   c) 4 · 10 = 40
   10 · 10 = 100

Seite 24

1. a) Plusaufgabe: 5 + 5 + 5 = 15
   Malaufgabe: 3 · 5 = 15
   b) Plusaufgabe: 5 + 5 + 5 + 5 = 20
   Malaufgabe: 4 · 5 = 20
   c) Plusaufgabe: 5 + 5 = 10
   Malaufgabe: 2 · 5 = 10
   d) Plusaufgabe: 5 + 5 + 5 + 5 + 5 + 5 = 30
   Malaufgabe: 6 · 5 = 30

Seite 25

2. 1 · 5 = 5; 2 · 5 = 10
   5 · 5 = 25; 10 · 5 = 50
3. a) 3 · 5 = 15; 5 · 3 = 15
   b) 2 · 5 = 10; 5 · 2 = 10
   c) 7 · 5 = 35; 5 · 7 = 35
   d) 1 · 5 = 5; 5 · 1 = 5
   e) 8 · 5 = 40; 5 · 8 = 40
   f) 4 · 5 = 20; 5 · 4 = 20
4. a) 2 · 5 = 10
   4 · 5 = 20
   b) 5 · 5 = 25
   3 · 5 = 15
   c) 10 · 5 = 50
   6 · 5 = 30

Seite 26

1. a) 10 · 4 = 40
   1 · 4 = 4
   9 · 4 = 36
   b) 10 · 6 = 60
   1 · 6 = 6
   9 · 6 = 54
   c) 10 · 2 = 20
   1 · 2 = 2
   9 · 2 = 18
   d) 10 · 5 = 50
   1 · 5 = 5
   9 · 5 = 45
   e) 10 · 7 = 70
   1 · 7 = 7
   9 · 7 = 63
   f) 10 · 8 = 80
   1 · 8 = 8
   9 · 8 = 72
   g) 10 · 9 = 90
   1 · 9 = 9
   9 · 9 = 81
   h) 10 · 3 = 30
   1 · 3 = 3
   9 · 3 = 27
   i) 10 · 10 = 100
   1 · 10 = 10
   9 · 10 = 90

Seite 27

2. a) 2 · 5 = 10
   1 · 5 = 5
   3 · 5 = 15
   b) 5 · 2 = 10
   2 · 2 = 4
   7 · 2 = 14
   c) 10 · 5 = 50
   2 · 5 = 10
   8 · 5 = 40
   d) 5 · 5 = 25
   1 · 5 = 5
   6 · 5 = 30
   e) 2 · 2 = 4
   2 · 2 = 4
   4 · 2 = 8
   f) 2 · 5 = 10
   2 · 5 = 10
   4 · 5 = 20

Seite 28

1. 1 · 4 = 4; 2 · 4 = 8
   5 · 4 = 20; 10 · 4 = 40
2. a) 2 · 4 = 8
   1 · 4 = 4
   3 · 4 = 12
   b) 5 · 4 = 20
   2 · 4 = 8
   7 · 4 = 28
   c) 10 · 4 = 40
   2 · 4 = 8
   8 · 4 = 32
   d) 5 · 4 = 20
   1 · 4 = 4
   6 · 4 = 24
   e) 2 · 4 = 8
   2 · 4 = 8
   4 · 4 = 16
   f) 10 · 4 = 40
   1 · 4 = 4
   9 · 4 = 36

Seite 29

3. a) 2 · 4 = 8
3 · 4 = 12
4 · 4 = 16
b) 5 · 4 = 20
6 · 4 = 24
7 · 4 = 28
c) 10 · 4 = 40
9 · 4 = 36
8 · 4 = 32

4. a) 2 · 4 = 8
3 · 4 = 12
b) 5 · 4 = 20
6 · 4 = 24
c) 10 · 4 = 40
9 · 4 = 36
d) 0 · 4 = 0
1 · 4 = 4
e) 8 · 4 = 32
7 · 4 = 28
f) 4 · 4 = 16
3 · 4 = 12

Seite 30

1. 1 · 8 = 8; 2 · 8 = 16
5 · 8 = 40; 10 · 8 = 80

2. a) 2 · 8 = 16
1 · 8 = 8
3 · 8 = 24
b) 5 · 8 = 40
2 · 8 = 16
7 · 8 = 56
c) 10 · 8 = 80
2 · 8 = 16
8 · 8 = 64
d) 5 · 8 = 40
1 · 8 = 8
6 · 8 = 48
e) 2 · 8 = 16
2 · 8 = 16
4 · 8 = 32
f) 10 · 8 = 80
1 · 8 = 8
9 · 8 = 72

Seite 31

3. a) 2 · 8 = 16
3 · 8 = 24
4 · 8 = 32
b) 5 · 8 = 40
6 · 8 = 48
7 · 8 = 56
c) 10 · 8 = 80
9 · 8 = 72
8 · 8 = 64

4. a) 2 · 8 = 16
3 · 8 = 24
0 · 8 = 0
b) 3 · 8 = 24
5 · 8 = 40
7 · 8 = 56
c) 10 · 8 = 80
9 · 8 = 72
8 · 8 = 64

5. a) Beispiele:
3 · 8 = 24; 4 · 6 = 24; 6 · 4 = 24
b) Beispiele:
2 · 8 = 16; 4 · 4 = 16; 8 · 2 = 16

Seite 32

1. a)

0 · 2 = 0	b) 0 · 5 = 0
1 · 2 = 2	1 · 5 = 5
2 · 2 = 4	2 · 5 = 10
3 · 2 = 6	3 · 5 = 15
4 · 2 = 8	4 · 5 = 20
5 · 2 = 10	5 · 5 = 25
6 · 2 = 12	6 · 5 = 30
7 · 2 = 14	7 · 5 = 35
8 · 2 = 16	8 · 5 = 40
9 · 2 = 18	9 · 5 = 45
10 · 2 = 20	10 · 5 = 50

Seite 33

2.

a)	b)	c)
0 · 10 = 0	0 · 4 = 0	0 · 8 = 0
1 · 10 = 10	1 · 4 = 4	1 · 8 = 8
2 · 10 = 20	2 · 4 = 8	2 · 8 = 16
3 · 10 = 30	3 · 4 = 12	3 · 8 = 24
4 · 10 = 40	4 · 4 = 16	4 · 8 = 32
5 · 10 = 50	5 · 4 = 20	5 · 8 = 40
6 · 10 = 60	6 · 4 = 24	6 · 8 = 48
7 · 10 = 70	7 · 4 = 28	7 · 8 = 56
8 · 10 = 80	8 · 4 = 32	8 · 8 = 64
9 · 10 = 90	9 · 4 = 36	9 · 8 = 72
10 · 10 = 100	10 · 4 = 40	10 · 8 = 80

Seite 34

1.
a)
20 5 10
·
4 2
8

b)
40 10 80
·
4 8
32

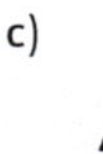

c)

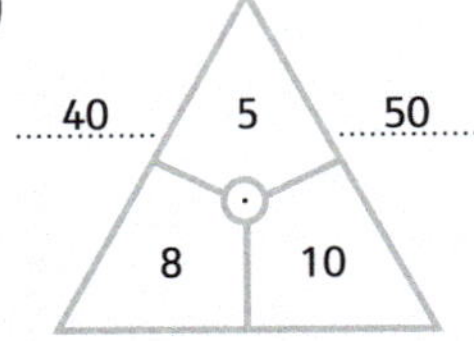

d)

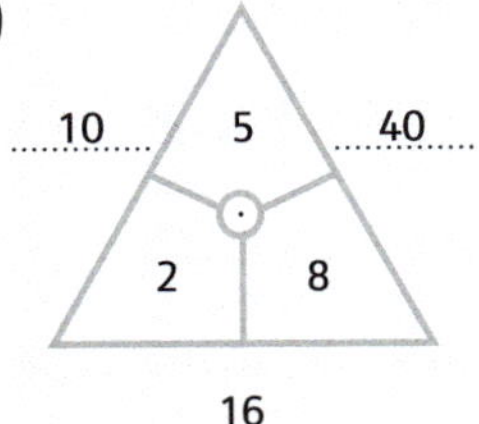

Seite 35

2.

a)

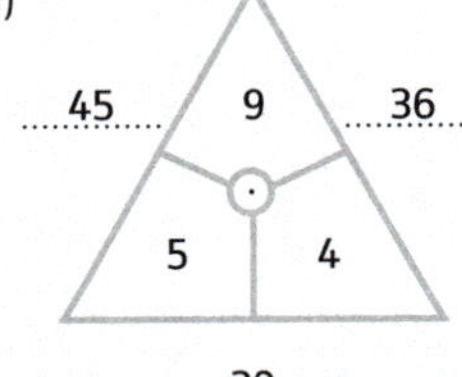

b)

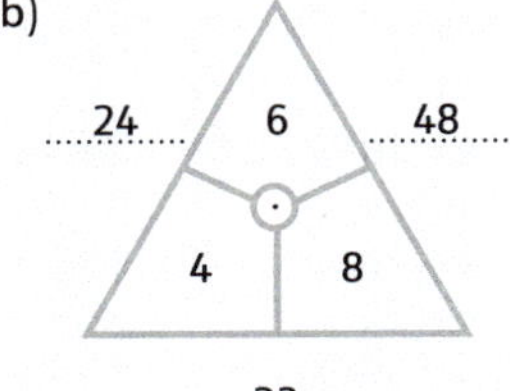

c)

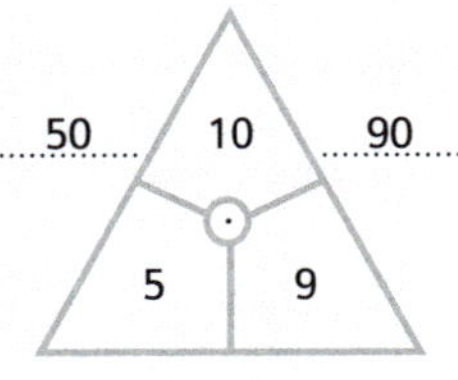

d)

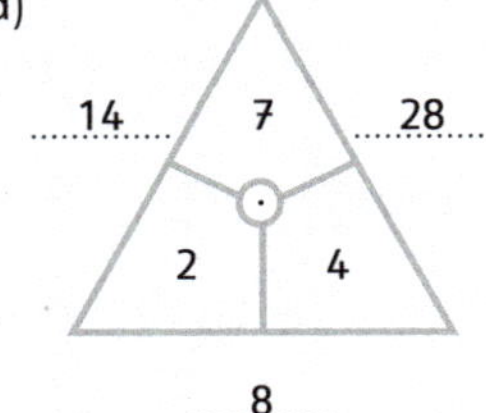

e)

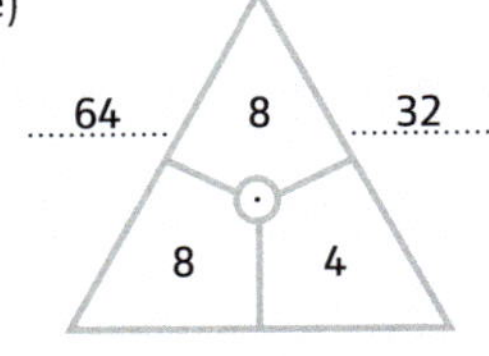

f)

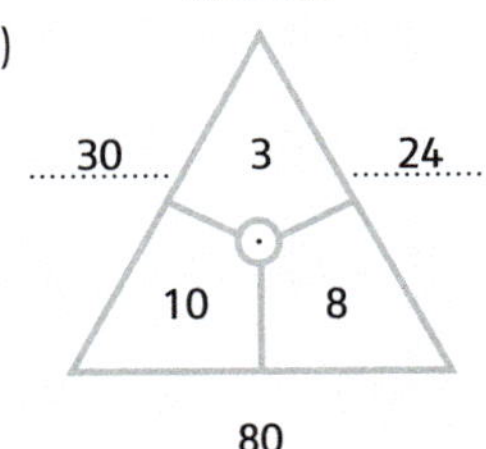

Dividieren

Seite 36

1. a) 18 : 3 = 6
   Es sind 6 Netze.
   b) 18 : 6 = 3
   Es sind 3 Netze.
   c) 18 : 9 = 2
   Es sind 2 Netze.
   d) 18 : 2 = 9
   Es sind 9 Netze.

Seite 37

2. a) 16 : 8 = 2
   Es sind 2 Netze.
   b) 12 : 3 = 4
   Es sind 4 Netze.
   c) 14 : 2 = 7
   Es sind 7 Netze.
   d) 15 : 5 = 3
   Es sind 3 Netze.
   e) 20 : 4 = 5
   Es sind 5 Netze.
   f) 20 : 5 = 4
   Es sind 4 Netze.

Seite 38

1. a) 12 : 3 = 4
   Auf jedem Teller sind 4 Kekse.
   b) 12 : 4 = 3
   Auf jedem Teller sind 3 Kekse.
   c) 20 : 5 = 4
   Auf jedem Teller sind 4 Kekse.
   d) 20 : 4 = 5
   Auf jedem Teller sind 5 Kekse.

Seite 39

2. a) 8 : 2 = 4
   Auf jedem Teller sind 4 Kekse.

b) 9 : 3 = 3
Auf jedem Teller sind 3 Kekse.
c) 24 : 4 = 6
Auf jedem Teller sind 6 Kekse.
d) 12 : 2 = 6
Auf jedem Teller sind 6 Kekse.
e) 21 : 3 = 7
Auf jedem Teller sind 7 Kekse.
f) 8 : 4 = 2
Auf jedem Teller sind 2 Kekse.

Seite 40

1. a) 5 : 5 = 1, denn 1 · 5 = 5
10 : 5 = 2, denn 2 · 5 = 10
25 : 5 = 5, denn 5 · 5 = 25
50 : 5 = 10, denn 10 · 5 = 50
15 : 5 = 3, denn 3 · 5 = 15
b) 10 : 10 = 1, denn 1 · 10 = 10
50 : 10 = 5, denn 5 · 10 = 50
100 : 10 = 10, denn 10 · 10 = 100
20 : 10 = 2, denn 2 · 10 = 20
40 : 10 = 4, denn 4 · 10 = 40

Seite 41

2. a) 10 : 2 = 5, denn 5 · 2 = 10
20 : 2 = 10, denn 10 · 2 = 20
4 : 2 = 2, denn 2 · 2 = 4
2 : 2 = 1, denn 1 · 2 = 2
12 : 2 = 6, denn 6 · 2 = 12
b) 8 : 4 = 2, denn 2 · 4 = 8
40 : 4 = 10, denn 10 · 4 = 40
4 : 4 = 1, denn 1 · 4 = 4
20 : 4 = 5, denn 5 · 4 = 20
16 : 4 = 4, denn 4 · 4 = 16
c) 80 : 8 = 10, denn 10 · 8 = 80
16 : 8 = 2, denn 2 · 8 = 16
40 : 8 = 5, denn 5 · 8 = 40
8 : 8 = 1, denn 1 · 8 = 8
24 : 8 = 3, denn 3 · 8 = 24

Einmaleins mit 3, 6, 7 und 9

Seite 42

1. 1 · 3 = 3; 2 · 3 = 6;
5 · 3 = 15; 10 · 3 = 30
2. a) 2 · 3 = 6
1 · 3 = 3
3 · 3 = 9
b) 5 · 3 = 15
2 · 3 = 6
7 · 3 = 21
c) 10 · 3 = 30
2 · 3 = 6
8 · 3 = 24
d) 5 · 3 = 15
1 · 3 = 3
6 · 3 = 18
e) 2 · 3 = 6
2 · 3 = 6
4 · 3 = 12
f) 10 · 3 = 30
1 · 3 = 3
9 · 3 = 27

Seite 43

3. a) 2 · 3 = 6
3 · 3 = 9
4 · 3 = 12
b) 5 · 3 = 15
6 · 3 = 18
7 · 3 = 21
c) 10 · 3 = 30
9 · 3 = 27
8 · 3 = 24
4. a) 2 · 3 = 6
10 · 3 = 30
0 · 3 = 0
b) 5 · 3 = 15
6 · 3 = 18
1 · 3 = 3
c) 7 · 3 = 21
8 · 3 = 24
9 · 3 = 27
5. 6 : 3 = 2, denn 2 · 3 = 6
12 : 3 = 4, denn 4 · 3 = 12
15 : 3 = 5, denn 5 · 3 = 15
30 : 3 = 10, denn 10 · 3 = 30

Seite 44

1. 1 · 6 = 6; 2 · 6 = 12;
5 · 6 = 30; 10 · 6 = 60
2. a) 2 · 6 = 12
1 · 6 = 6
3 · 6 = 18
b) 5 · 6 = 30
2 · 6 = 12
7 · 6 = 42
c) 10 · 6 = 60
2 · 6 = 12
8 · 6 = 48
d) 5 · 6 = 30
1 · 6 = 6
6 · 6 = 36
e) 2 · 6 = 12
2 · 6 = 12
4 · 6 = 24
f) 10 · 6 = 60
1 · 6 = 6
9 · 6 = 54

Seite 45

3. a) 2 · 6 = 12
3 · 6 = 18
4 · 6 = 24

b) 5 · 6 = 30
6 · 6 = 36
7 · 6 = 42

c) 10 · 6 = 60
9 · 6= 54
8 · 6 = 48

4. a) 12 : 6 = 2, denn 2 · 6 = 12
60 : 6 = 10, denn 10 · 6 = 60
24 : 6 = 4, denn 4 · 6 = 24

b) 30 : 6 = 5, denn 5 · 6 = 30
48 : 6 = 8, denn 8 · 6 = 48
18 : 6 = 3, denn 3 · 6 = 18

5. a) 54 b) 6

Seite 46

1. 1 · 9 = 9
2 · 9 = 18
5 · 9 = 45
10 · 9 = 90

2. a) 2 · 9 = 18
1 · 9 = 9
3 · 9 = 27

b) 5 · 9 = 45
2 · 9 = 18
7 · 9 = 63

c) 10 · 9 = 90
2 · 9 = 18
8 · 9 = 72

d) 5 · 9 = 45
1 · 9 = 9
6 · 9 = 54

e) 2 · 9 = 18
2 · 9 = 18
4 · 9 = 36

f) 10 · 9 = 90
1 · 9 = 9
9 · 9 = 81

Seite 47

3. a) 2 · 9 = 18
3 · 9 = 27
4 · 9 = 36

b) 5 · 9 = 45
6 · 9 = 54
7 · 9 = 63

c) 10 · 9 = 90
9 · 9 = 81
8 · 9 = 72

4. a) 10 · 9 = 90
8 · 9 = 72
1 · 9 = 9

b) 2 · 9 = 18
3 · 9 = 27
0 · 9 = 0

c) 4 · 9 = 36
6 · 9 = 54
7 · 9 = 63

5. a) 18 : 9 = 2, denn 2 · 9 = 18
90 : 9 = 10, denn 10 · 9 = 90
36 : 9 = 4, denn 4 · 9 = 36

b) 45 : 9 = 5, denn 5 · 9 = 45
72 : 9 = 8, denn 8 · 9 = 72
27 : 9 = 3, denn 3 · 9 = 27

Seite 48

1	2	3	4	5	6	7	8	9	10
11	12	13	14	15	16	17	18	19	20
21	22	23	24	25	26	27	28	29	30
31	32	33	34	35	36	37	38	39	40
41	42	43	44	45	46	47	48	49	50
51	52	53	54	55	56	57	58	59	60
61	62	63	64	65	66	67	68	69	70
71	72	73	74	75	76	77	78	79	80
81	82	83	84	85	86	87	88	89	90
91	92	93	94	95	96	97	98	99	100

Seite 49

2. a) Mindestens einmal eingekreist: 3, 6, 9, 12, 15, 18, 21, 24, 27, 30, 33, 36, 39, 42, 45, 48, 51, 54, 57, 60, 63, 66, 69, 72, 75, 78, 81, 84, 87, 90, 93, 96, 99
Genau zweimal eingekreist: 6, 9, 12, 24, 27, 30, 42, 45, 48, 60, 63, 66, 78, 81, 84, 96, 99
Dreimal eingekreist: 18, 36, 54, 72, 90

3. a) Stimmt nicht. 9 ist zum Beispiel eine Dreierzahl, aber keine Sechserzahl.

b) Stimmt.

c) Stimmt nicht. 12 ist zum Beispiel eine Dreierzahl, aber keine Neunerzahl.

Seite 50

1. 1 · 7 = 7
2 · 7 = 14
5 · 7 = 35
10 · 7 = 70

2. a) 2 · 7 = 14
1 · 7 = 7
3 · 7 = 21

b) 5 · 7 = 35
2 · 7 = 14
7 · 7 = 49

c) 10 · 7 = 70
2 · 7 = 14
8 · 7 = 56

d) 5 · 7 = 35
1 · 7 = 7
6 · 7 = 42

e) 2 · 7 = 14
2 · 7 = 14
4 · 7 = 28

f) 10 · 7 = 70
1 · 7 = 7
9 · 7 = 63

Seite 51

3. a) 2 · 7 = 14
3 · 7 = 21
4 · 7 = 28

b) 5 · 7 = 35
6 · 7 = 42
7 · 7 = 49

c) 10 · 7 = 70
9 · 7 = 63
8 · 7 = 56

4. a) 9 · 7 = 63
5 · 7 = 35
10 · 7 = 70

b) 2 · 7 = 14
3 · 7 = 21
1 · 7 = 7

c) 6 · 7 = 42
7 · 7 = 49
0 · 7 = 0

5. a) 14 : 7 = 2, denn 2 · 7 = 14
70 : 7 = 10, denn 10 · 7 = 70
35 : 7 = 5, denn 5 · 7 = 35

b) 28 : 7 = 4, denn 4 · 7 = 28
42 : 7 = 6, denn 6 · 7 = 42
35 : 7 = 5, denn 5 · 7 = 35

Seite 52

1. a) 0 · 3 = 0
1 · 3 = 3
2 · 3 = 6
3 · 3 = 9
4 · 3 = 12
5 · 3 = 15
6 · 3 = 18
7 · 3 = 21
8 · 3 = 24
9 · 3 = 27
10 · 3 = 30

b) 0 · 6 = 0
1 · 6 = 6
2 · 6 = 12
3 · 6 = 18
4 · 6 = 24
5 · 5 = 30
6 · 6 = 36
7 · 6 = 42
8 · 6 = 48
9 · 6 = 54
10 · 6 = 60

Seite 53

1. a) 0 · 9 = 0
1 · 9 = 9
2 · 9 = 18
3 · 9 = 27
4 · 9 = 36
5 · 9 = 45
6 · 9 = 54
7 · 9 = 63
8 · 9 = 72
9 · 9 = 81
10 · 9 = 90

b) 0 · 7 = 0
1 · 7 = 7
2 · 7 = 14
3 · 7 = 21
4 · 7 = 28
5 · 7 = 35
6 · 7 = 42
7 · 7 = 49
8 · 7 = 56
9 · 7 = 63
10 · 7 = 70

Gemischte Übungen

Seite 54

1.

a)

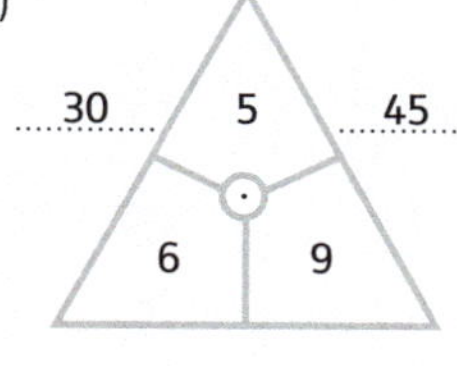

b)

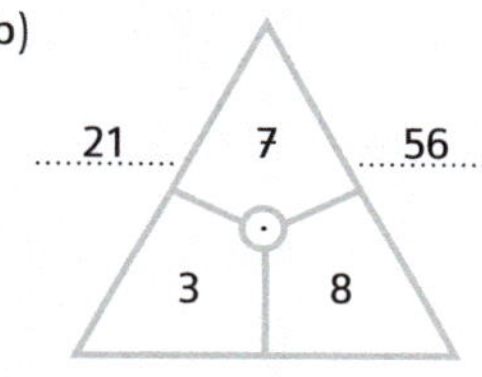

c)

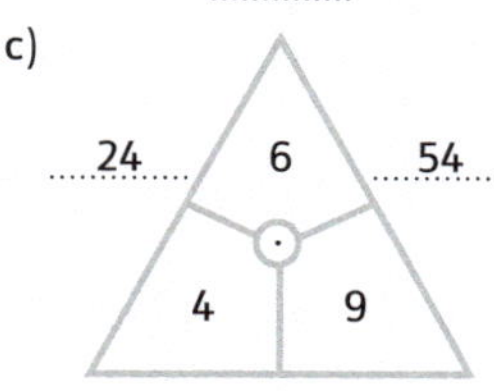

d)

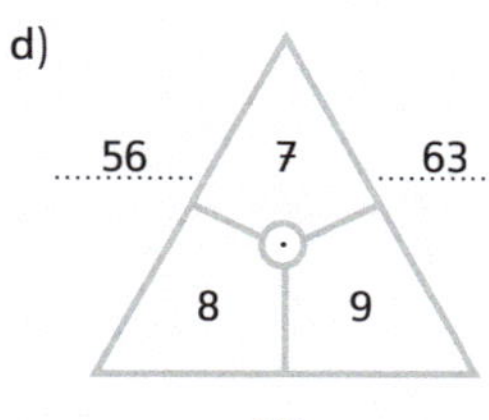

Seite 55

2.

a)

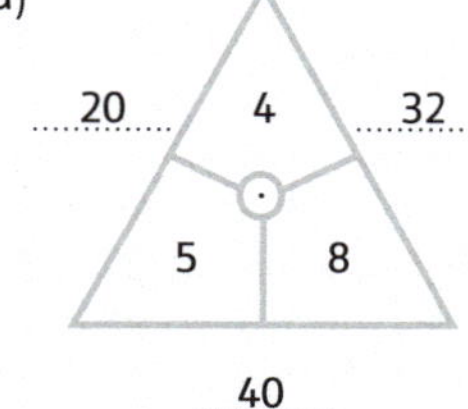

b)

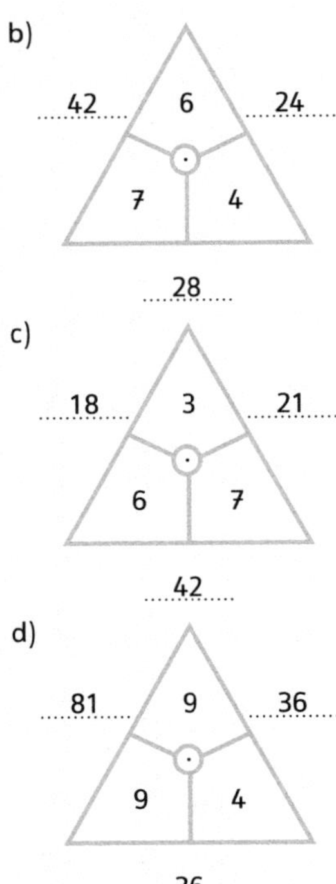

Bildquellennachweis: |Feldhaus, Hans-Jürgen, Münster: 2.1, 2.2, 2.3, 2.4, 2.5, 2.6, 2.7, 2.8, 2.9, 2.10, 2.11, 3.1, 3.2, 3.3, 3.4, 3.5, 3.6, 3.7, 3.8, 3.9, 3.10, 3.11, 3.12, 3.13, 3.14 (Stickerbogen), 6.1, 8.1, 9.1, 10.1, 10.2, 12.1, 13.1, 14.1, 16.1, 18.1, 19.1, 20.1, 21.1, 21.2, 22.1, 23.1, 23.2, 24.1, 25.1, 25.2, 26.1, 27.1, 28.1, 29.1, 29.2, 30.1, 31.1, 32.1, 33.1, 34.1, 36.1, 38.1, 40.1, 41.1, 42.1, 43.1, 44.1, 46.1, 47.1, 48.1, 49.1, 50.1, 51.1, 52.1, 53.1, 54.1, 55.1, 55.2. |iStockphoto.com, Calgary: South_agency Titel |Schwarz, Thies, Hannover: 6.2, 6.3, 6.4, 6.5, 7.1, 7.2, 7.3, 7.4, 7.5, 7.6, 9.2, 9.3, 9.4, 9.5, 9.6, 9.7, 10.3, 10.4, 10.5, 20.2, 20.3, 20.4, 20.5, 22.2, 22.3, 22.4, 22.5, 24.2, 24.3, 24.4, 24.5, 36.2, 36.3, 36.4, 36.5, 37.1, 37.2, 37.3, 37.4, 37.5, 37.6, 38.2, 38.3, 38.4, 38.5, 39.1, 39.2, 39.3, 39.4, 39.5, 39.6.